古典文獻研究輯刊

二八編

潘美月・杜潔祥 主編

第12冊

劉孝綽集校注

田宇星 著

國家圖書館出版品預行編目資料

劉孝綽集校注／田宇星 著 — 初版 — 新北市：花木蘭文化事業有限公司，2019〔民 108〕

目 4+140 面；19×26 公分

（古典文獻研究輯刊 二八編；第 12 冊）

ISBN 978-986-485-689-3（精裝）

1. 劉孝綽集 2. 注釋

011.08 108001136

ISBN-978-986-485-689-3

古典文獻研究輯刊

二八編 第十二冊 ISBN：978-986-485-689-3

劉孝綽集校注

作　　者 田宇星

主　　編 潘美月　杜潔祥

總 編 輯 杜潔祥

副總編輯 楊嘉樂

編　　輯 許郁翎、王筑　美術編輯 陳逸婷

出　　版 花木蘭文化事業有限公司

發 行 人 高小娟

聯絡地址 235 新北市中和區中安街七二號十三樓

電話：02-2923-1455／傳眞：02-2923-1452

網　　址 http://www.huamulan.tw 信箱 hml 810518@gmail.com

印　　刷 普羅文化出版廣告事業

初　　版 2019 年 3 月

全書字數 105253 字

定　　價 二八編 12 冊（精裝）新台幣 30,000 元

劉孝綽集校注

田宇星 著

作者簡介

田宇星，1981 年生，吉林省吉林市人。四川大學文學碩士。師從中國文選學研究會理事、四川大學文學與新聞學院中國古典文獻學博士生導師羅國威教授。主要研究方向爲魏晉南北朝文學文獻的整理與研究。現爲出版社編輯。

提　要

劉孝綽（481 ～ 539）本名冉，字孝綽，彭城（今江蘇省徐州市）人。南朝梁代的重要作家，對永明體到宮體詩的過渡起到了承前啓後的作用，同時也是《文選》的主要編纂者之一。《文選》這部流芳百世的文學總集，因爲蕭統的銜名，以及他作的序，習慣上被稱作《昭明文選》。1976 年，日本立命館大學教授清水凱夫在《〈文選〉的編輯周圍》一文中首先提出《文選》的實際編纂者是劉孝綽，劉孝綽才逐漸引起學界的關注。然而，由於他並非第一流的作家，後世對他的瞭解大多停留在《文選》的編纂上。在這種情況下，對其文集加以整理和研究顯得更加必要。本書力圖在廣泛搜集材料的基礎上，考證劉孝綽的生平事蹟和文學創作，以對他在文學史上的地位和貢獻作出正確的評價。同時，對現存的詩文進行校注，爲研究者提供一個可靠的《劉孝綽集》校注本。

本書前言部分首先對劉孝綽的行年進行考證，並對其作品進行繫年；接著通過具體作品，分析其詩文的特色以及價值；最後略述他與《文選》編纂之間的關係。正文部分是《劉孝綽集校注》。根據嚴可均《全上古三代秦漢三國六朝文》和逯欽立《先秦漢魏晉南北朝詩》所收錄其詩文提供的輯錄線索，重新擇本比勘。在此基礎上，對其現存作品進行校注。這一部分是本書的重點，筆者希望通過這一工作，能夠填補六朝作家文集整理的空白。

目次

前　言

一、劉孝綽行年考

劉孝綽（481～539）本名冉，字孝綽，以字行，小字阿士，彭城（今江蘇省徐州市）人。父劉繪爲齊大司馬霸府從事中郎，是出入西邸詩人的後進領袖。孝綽自幼聰敏，七歲即能屬文，舅父王融常帶他拜訪親友，稱他爲「神童」。王融曾說：「天下文章若無我則當歸阿士。」〔1〕十四歲爲父代筆，深得沈約、任昉、范雲的賞識。任昉爲御史中丞後，劉孝綽、陸倕、到洽、張率等人車軌日至，號曰「蘭臺聚」（又名「龍門之遊」），可見任昉對其提攜。

天監二年（503），作《擬古詩》。案，《漢魏六朝百三名家集·何記室集》中收錄了《擬古三首聯句》，爲何遜、范雲、劉孝綽三人所作。據《梁書·武帝紀中》，天監二年五月丁巳，范雲卒。因此此詩當作於雲卒前。詩云，「少知雅琴好，好聽雅琴聲。雅琴不可聽，一聽一沾纓。」十分傷感，可能在其父去世之後，故繫於此年。

天監三年（504），起家著作佐郎。案，曹道衡先生、劉躍進先生《南北朝文學編年史》（人民文學出版社，2000 年，以下簡稱《編年史》）以及吳文治先生《中國文學大事年表》（黃山書社，1987 年）認爲是天監元年（502）；詹鴻先生《劉孝綽年譜》（載《六朝作家年譜輯要》，黑龍江教育出版社，1999 年，以下簡稱《年譜》）認爲是天監三年（504）。據《南齊書·劉繪傳》，（繪）天監元年卒。古制，子爲父服喪三年，因此，劉孝綽應在天監三年（504）起家，從《年譜》說。

作《歸沐呈任中丞詩》贈任昉，並得到其答詩，「任昉報章曰：『彼美洛陽子，投我懷秋作。詎慰耋嗟人，徒深老夫託。直史兼褒貶，轄司專疾惡。九折多美疹，匪報庶良藥。子其崇鋒穎，春耕勵秋獲。』」（見《梁書》本傳）。案，《編年史》認爲，此詩作於天監元年（502），筆者認爲有誤，據《梁書・曹景宗傳》：「天監三年八月司州城陷，爲御史中丞任昉所奏。」因此，此處應爲天監三年（504），從《年譜》說。

天監五年（506），遷太子舍人，俄以本官兼尚書水部郎。案，《梁書・昭明太子傳》：「（天監）五年六月庚戌，始出居東宮。」若爲太子舍人，當在此年。在梁武帝宴上作詩七首，受到武帝嗟賞，朝野對其刮目相看。疑《侍宴詩》（二首）、《三日侍華光殿曲水宴》作於此時。

天監六年（507），知青、北徐、南徐三州事，出爲平南安成王記室。案，據《梁書・武帝紀中》：「（天監六年四月），以中書令安成王秀爲平南將軍、江州刺史。」

天監七年（508），補太子洗馬，遷尚書金部郎，復爲太子洗馬，掌東宮管記。案，安成王秀天監七年五月遷荊州刺史，孝綽應於此時返回京城。《梁書》本傳云：「孝綽與陳郡殷芸、吳郡陸倕、琅琊王筠、彭城到洽等，同見賓禮。」而到洽於「天監七年遷太子中舍人」（見《梁書・到洽傳》），從而判定劉孝綽此時也在東宮。從《年譜》說。作《謝爲東宮奉經啓》。

天監八年（509），出爲上虞令，還除秘書丞。武帝對舍人周舍說：「第一官當用第一人。」（見《梁書》本傳）遂以孝綽居此職。可見武帝對劉孝綽寵愛有加。案，孝綽天監七年五月回京城，期間又輾轉任職，而《上虞鄉亭觀濤津渚學潘安仁河陽縣詩》中「秋江凍雨絕，反景照移塘」一句，表明作詩時間應在秋天，故出上虞令不應在同一年。後因公事免，尋復除秘書丞。

天監九年（510），出爲鎮南安成王諮議，入以事免。《年譜》云：「疑『安成王』爲『建安王』。」檢《梁書・安成王秀傳》和《梁書・武帝紀》，安成王蕭秀六年爲平南將軍，七年遷安西將軍，後遷中衛將軍，安西將軍，未曾封號「鎮南將軍」。《梁書・武帝紀中》載：「（九年六月癸酉），以中撫將軍、領護軍建安王偉爲鎮南將軍、江州刺史。」案，孝綽天監七年返京之後，曾任太子洗馬、上虞令、秘書丞等職務，不可能在很短時間內就隨安成王蕭秀於同年出荊州。因此，從《年譜》說，孝綽應任「鎮南建安王諮議」。另，建安王蕭偉天監十一年（512）春正月以本號加開府儀同三司，但「復以疾陳解」。疑孝綽於此時返京，並在歸途中作《太子洑落日望水》、《夕逗繁昌浦》、《櫟口守風詩》。按蔣立甫《何遜年譜簡編》（載《安徽師範大學學報》1986 年第二期），何遜此時也恰好在江州。並且對《太子洑落日望水》和《櫟口守風詩》有和詩。再者，此三首詩均作於春天，且內容均是還鄉，故繫於此年。

天監十一年（512），作《爲鄱陽嗣王初讓雍州表》。案，《梁書・鄱陽王恢傳》：「（天監）十一年，出爲使持節、都督荊湘雍益寧南北梁南北秦九州島諸軍事、平西將軍、荊州刺史，給鼓吹一部。」

天監十三年（514），起爲安西記室，累遷安西驃騎諮議參軍，知司徒右長史事。案，《梁書・武帝紀中》：「（天監十三年春正月丙寅），以翊右將軍安成王秀爲安西將軍、郢州刺史。」《編年史》認爲孝綽天監七年（508）出任安西記室，恐誤。去郢州途中作《答何記室詩》，據《梁書・何遜傳》，遜約於本年「還安西成王參軍事，兼尚書水部郎」，歸途作《南還道中送贈劉諮議別》。因爲此時孝綽被免官又重新起用，心緒不佳，從詩中內容可見，又二詩均作於春天，故繫於此年。

天監十四年至普通六年（515～525），孝綽一直在東宮，這是他一生中最重要的一段時間，得到了昭明太子的信任和重用。「昭明太子愛文學士，常與（王）筠、劉孝綽、陸倕、到洽、殷鈞（『鈞』字《梁書》作『芸』）等遊宴玄圃，太子獨執筠袖，撫孝綽肩曰：『所謂左把浮丘袖，右拍洪崖肩。』」（見《南史・王筠傳》）。可知孝綽與王筠在當時同被昭明太子重用。但昭明太子對孝綽喜愛尤甚，「太子起樂賢堂，乃使畫工先圖孝綽焉。太子文章繁富，群才咸欲撰錄，太子獨使孝綽集而序之。」（見《梁書》本傳）

天監十四年（515），遷太府卿，太子僕，復掌東宮管記。案，《南史・王錫傳》：「十四舉清茂，除秘書郎，再遷太子洗馬。時昭明太子尚幼，武帝敕錫與秘書郎張纘使入宮，不限日數。與太子游狎，情兼師友。又敕陸倕、張率、謝舉、王規、王筠、劉孝綽、到洽、張緬爲學士。十人盡一時之選。」據《梁史・王錫傳》，錫卒於中大通六年（534），時年三十六歲，此年爲十七歲，則正應在東宮中。

作《發建興渚示到陸二黃門詩》。案，據《梁書・到洽傳》，到洽曾兩次任黃門侍郎，天監十四年和普通五年。陸倕任黃門侍郎沒有明確的時間，但檢其本傳，應在蕭綱最後一次任雲麾將軍之前（即普通元年）。故繫於此年。

天監十七年（518），作《司空安成康王碑銘》。案，《梁書・安成王秀傳》：「（天監）十七年春，行至竟陵之石梵，薨，時四十四。……當世高才遊王門者，東海王僧孺、吳郡陸倕、彭城劉孝綽、河東裴子野，各制其文，古未有之也。」

普通元年（520），作《酬陸長史倕詩》。案，《梁書・陸倕傳》:「出爲雲麾晉安王長史。」《梁書・簡文帝紀》:「普通元年，出爲使持節、都督益寧雍梁南北秦沙七州諸軍事、益州刺史；未拜，改授雲麾將軍、南徐州刺史。」蕭綱曾三次爲雲麾將軍，前兩次於天監八年和天監十四年。但檢《梁書・陸倕傳》，爲「雲麾晉安王長史」應在爲黃門侍郎之後，故繫於此年。

普通三年（522），作《東宮禮絕傍親議》。案，《梁書・昭明太子傳》:「（普通）三年十一月，始興王憺薨。舊事，以東宮禮絕傍親，書翰並依常儀。太子意以爲疑，命僕劉孝綽議其事。」

作《昭明太子集序》，案，文中提到了「粵我大梁二十一載。」故繫於此年。

普通七年（526），孝綽被到洽彈劾，二人反目。案，《梁書》本傳：「及孝綽爲廷尉卿，攜妾入官府，其母猶停私宅。洽尋爲御史中丞，遣令史案其事，遂劾奏之，云:『攜少妹於華省，棄老母於下宅。』高祖爲隱其惡，改『妹』爲『姝』。坐免官。」又，「時世祖出爲荊州，至鎮與孝綽書。」（見《梁書》本傳）「時」字表明蕭繹出荊州與孝綽被免官時間相隔不遠。據《梁書・梁元帝紀》:「普通七年，出爲使持節、都督荊湘郢益寧南梁六州諸軍事、西中郎將、荊州刺史。」可推測孝綽免官也在本年，與《編年史》說相同。《年譜》認爲孝綽在天監六年免官，恐誤。

作《答湘東王書》。案，《梁書》本傳云，孝綽被彈劾之後「時世祖出爲荊州，至鎮與孝綽書。」孝綽對其答書，即此篇，故繫於此年。

作《陪徐僕射晚宴詩》。案，《梁書》本傳云：「孝綽免職後，高祖數使僕射徐勉宣旨慰撫之。」且《梁書・梁武帝紀下》云：「大通元年春正月乙丑，以尚書左僕射徐勉爲尚書僕射、中衛將軍。」故繫於此年。

大通元年（527），起爲湘東王諮議。案，《梁書》本傳載：「及高祖爲《籍田詩》，又使勉先示孝綽。時奉詔作者數十人，高祖以孝綽尤工，即日有敕，起爲西中郎湘東王諮議。」據《梁書・武帝紀下》:「（大通元年春正月）辛未，與駕親祠南郊。」《籍田詩》應作於此時。由此推斷，孝綽本年任西中郎湘東王諮議。

作《謝西中郎諮議啓》和《謝東宮啓》。案，《梁書》本傳，「（孝綽）起爲西中郎湘東王諮議」後，啓謝，即作此二篇。故繫於此年。

作《登陽雲樓詩》和《江津寄劉之遴》。案，陽雲樓和江津都在荊州屬地。孝綽此時恰在荊州，故繫於此年。

大通元年至中大通元年（527～529），爲太子僕，協助完成了《文選》的編纂。

大通元年（527），爲太子僕。案，《梁書・昭明太子傳》載，普通七年十一月，蕭統之母丁貴嬪卒。按古代禮制，如父尚在，兒遭母喪，應服喪一年。因此，直至大通元年十一月，蕭統應當守孝，不會進行《文選》的編纂。因此，孝綽爲太子僕應在大通元年末。《年譜》認爲是大通二年，與此不同。

中大通元年（529），母憂去職。案，劉潛爲孝綽胞弟，據《梁書・劉潛傳》:「王立爲皇太子，孝儀服闋。」古制，父沒之後，必須爲嫡母服三年之喪，所謂「三年之喪」，實爲二年零七十天或二年零九十天。時劉潛父劉繪早已去世，又，《梁書・簡文帝紀》云，（中大通三年）五月丙申，立蕭綱爲皇太子。因此，孝綽丁母憂在中大通元年。《編年史》認爲在中大通五年，恐誤。

中大通三年（530），作《元廣州景仲座見故姬詩》。案，《梁書・元景仲傳》:「大通三年，……出爲持節、都督廣越等十三州諸軍事……廣州刺史。」疑此處「大通三年」應爲「中大通三年」。因爲據《梁書・元景隆傳》，（景隆）「出爲持節……廣州刺史。中大通三年，徵侍中、安右將軍。」景仲爲景隆弟，若爲廣州刺史，應在中大通三年或之後。故繫於此年。

大同元年（535），除安西湘東王諮議參軍，遷黃門侍郎。案，湘東王本年進號安西將軍。（見《梁書・元帝紀》）

大同二年（536），除尚書吏部郎，因受賄被從兄弟尚書左丞劉覽劾奏，左遷信威臨賀王長史，很快又遷秘書監。案，《梁書・徐勉傳》:「大同三年，故佐史尚書左丞劉覽等詣闕，陳勉行狀。」可知大同三年以前劉覽仍爲尚書左丞，從《年譜》說。《梁書》本傳云 :「頃之，遷秘書監。」推測在同一年。《年譜》認爲遷秘書監在大同五年（539），有不同。

大同五年（539），卒官，時年五十九。

劉孝綽歷來是個有爭議的人，史臣陳吏部尚書姚察對他進行了很好的概括 :「王僧儒之學，劉孝綽之辭藻，主非不好也，才非不用也，其拾青紫，取極貴，何難哉！而孝綽不拘言行，自躓身名，徒鬱抑當年，非不遇也。」（見《梁書・王筠傳》）

一方面，孝綽才華出眾，是當時文壇的佼佼者，「孝綽辭藻爲後進所宗，世重其文，每作一篇，朝成暮遍，好事者咸諷誦傳寫，流聞絕域。」（見《梁書》本傳）他又是參與《文選》編纂的重要人物，因此在這方面，他是無可厚非的。

另一方面，孝綽可謂是有才無德之人。《梁書》本傳記載：「孝綽少有盛名，而仗氣負才，多所陵忽，有不合意，極言詆訾。」可見，他傲慢狷介，不與人協調。他經常嘲笑當時的一些優秀文士，包括友人到洽。「初，孝綽與到洽善，同遊東宮。孝綽自以才優於洽，每於宴坐，嗤鄙其文，洽銜之。」（見《梁書》本傳）孝綽又是個心胸狹窄的人。《顏氏家訓・文章》云，他與何遜當時並稱「劉何」，「何遜詩實清巧，多形似之言，揚都論者，恨其每病苦辛，饒貧寒氣，不及孝綽之雍容也。雖然，劉甚忌之，平生論何詩，常云：『蘧車響北闕，懂懂不道車。』又撰《詩苑》，止取何兩篇，時人譏其不廣。……孝綽當時既有重名，無所與讓，唯服謝朓。」〔2〕一個「唯」字，可見他把其他文人全然不放在眼裏。

劉孝綽曾五次被免官，因爲他有受賄和行爲不合禮教的行爲，如：

「及孝綽爲廷尉卿，攜妾入官府，其母猶停私宅。洽尋爲御史中丞，遣令史案其事，遂劾奏之，云：『攜少妹於華省，棄老母於下宅。』高祖爲隱其惡，改『妹』爲『姝』。坐免官。」（見《梁書》本傳）

「服闋，除安西湘東王諮議參軍，遷黃門侍郎，尚書吏部郎，坐受人絹一束，爲餉者所訟，左遷信威臨賀王長史。」（同上）「孝綽怨之，常謂人曰：『犬噬行路，覽噬家人。』」（見《南史・劉覽傳》）

因爲劉孝綽的這些不端行爲，李延壽在《南史》中說：「孝綽中垢爲尤，可謂人而無儀者也。」

對於這樣一個人的研究，我們應該將著眼點放在他的詩文以及他對《文選》的編纂上。

二、劉孝綽作品論

《隋書・經籍志》記載：「梁廷尉卿劉孝綽集十四卷。」《舊唐書・經籍志》著錄爲十一卷，《新唐書・經籍志》著錄爲十二卷，《宋史・藝文志》著錄爲一卷。宋時已亡佚殆盡。明人張溥輯有《劉秘書集》，收入《漢魏六朝百三名家集》中。其中詩歌六十九首，文十七篇。

劉孝綽的父親劉繪，是永明體詩人，對永明聲律理論非常精通，《南史·劉繪傳》:「音采贍麗，雅有風則。」不僅如此，《詩品序》云:「近彭城劉士章，俊賞之士，疾其淆亂，欲爲當世詩品，口陳標榜，其問未遂，感而作焉。」〔3〕這樣一種創作觀念必定會影響孝綽。除了他父親之外，舅父王融是竟陵八友之一，對聲律更有造詣，《詩品序》云:「齊有王元長者，嘗謂余曰:『宮商與二儀俱生，自古詞人不知之，唯顧憲子乃云律呂聲調，而其實大謬?唯見范曄、謝莊頗識之耳。嘗欲進《知音論》，未就。』」〔4〕王融對孝綽非常賞識，從小就帶他車載適親友，父黨沈約、任昉、范雲對其也很是青睞，在這樣的環境薰陶下，劉孝綽的文學思想必然與永明體有著密切的聯繫。

劉孝綽的文學主張主要體現在《昭明太子集序》中，《昭明太子集序》作於普通三年（522），因爲文中有「粵我大梁二十一載」的話。他在《序》中說:「能使典而不野，遠而不放，麗而不淫，約而不儉，獨善眾美，斯文在斯。」這是四對相近的概念，孝綽肯定前者，否定後者，明顯體現出了一種折中的文學主張，既不同於永明思想，也不同於宮體詩風。這種文學主張同昭明太子的主張頗爲相似。昭明太子在《答湘東王求文集及〈詩苑英華〉書》中云:「夫文典則累野，麗亦傷浮，能麗而不浮，典而不野，文質彬彬，有君子之致。」正因爲這種相同主張，他才會成爲追隨蕭統最緊密的人，並且成爲《文選》的主要編纂者。

劉孝綽的十七篇文中，啓九篇，書三篇，序、銘、表、碑、議各一篇。其中，啓、序的成就比較高。

《昭明太子集序》可以說是劉孝綽最有名的一篇文，作於普通三年（522），其最有價值之處在於提出了他的文學主張，其文有云:

> 竊以屬文之體，鮮能周備。長卿徒善，既累爲遲；少儒雖疾，俳優而已；子淵淫靡，若女工之蠹；子雲侈靡，異詩人之則；孔璋辭賦，曹祖勸其修今；伯秩答贈，摯虞知其頗古；孟堅之頌，尚有似言之譏；士衡之碑，猶聞類賦之貶；深乎文者，兼而善之，能使典而不野，遠而不放，麗而不淫，約而不儉，獨善眾美，斯文在斯。

他首先對蕭統的文章大加讚賞，頗有溢美之詞，這些我們暫且不論。他提出了和曹丕《典論·論文》中「夫人善於自見，而文非一體，鮮能備善」相同的觀點。接下來，劉孝綽又提出了自己的文學觀:「能使典而不野，遠而不放，麗而不淫，約而不儉，獨善眾美，斯文在斯。」這種觀點不同於鍾嶸的清麗自然也不同於蕭綱的好尚濃豔繁複，和劉勰的中允觀點較爲相似。

《謝東宮啓》，作於大通元年，是寫給蕭統欲辭去東宮職務的一篇文章。其中有一段引用了鄒陽的《獄中上書自明》來爲自己鳴冤：

> 鄒陽有言，士無賢愚，入朝見嫉，至若臧文之下展季，靳尚之放靈均，絳侯之排賈生，平津之陷主父，自兹厥後，其徒實繁。曲筆短辭，不暇殫述，寸管所窺，常由切齒。

普通七年（526），孝綽被到洽彈劾，一度被貶爲庶人。看到了鄒陽的《獄中上書自明》，產生了強烈的共鳴，《獄中上書自明》中「今臣盡忠竭誠，畢議願知，左右不明。卒從吏訊，爲世所疑」以及「此二人者，皆信必然之畫，捐朋黨之私，挾孤獨之交。故不能自免於嫉妒」等，是其當時心情的眞實寫照。

《答湘東王書》，作於普通七年（526），時劉孝綽被到洽彈劾，蕭繹寫給了他一封信，寬慰他被彈劾之事，並鼓勵他發憤將精力放在創作之上。此文是劉孝綽的回信。文中雖沒有直接提到彈劾之事，但處處表現出了無奈之情。「昔臨淄辭賦，悉與楊脩。」表現出了作者與楊脩相似的不羈性格，「當欲使金石流功，恥用翰墨垂跡」，有流芳百世的念頭，因此，「比楊倫之不出，譬張摯之杜門」，希望受到重用。

劉孝綽的文以「筆」居多，且成就較高。他的文學觀在當時很有創見，是其重要貢獻，對後世影響很大。由於仕途平順，劉孝綽的文的社會功用不是很大，但是他的文風恰恰印證了那個時代所提倡的「吟詠性情」，也是其特色所在。

劉孝綽的詩歌分爲前後兩期，前期雍容，後期豔麗。現存詩歌六十六首，大體分爲應令、贈答、奉和、詠物、詠懷、豔體、寫景幾種，下面我們分別來談。

應詔詩。劉孝綽現存應詔詩十五首，其內容多爲歌功頌德、阿諛逢迎，並無多少新意。如，《春日從駕新亭應制詩》：

> 旭日輿輪動，言追河曲遊。紆餘出紫陌，迤儷度青樓。前驅掩蘭徑，後乘歷芳洲。春色江中滿，日華巖上留。江風傳葆吹，巖華映采斿。臨渦起睿作，駟馬暫停輈。侍從榮前阮，雍容暫昔劉。

這首詩描繪了春日的美好景象，辭藻華麗，遊、樓、洲、留、斿、輈、劉七韻，優美和諧，顏色的對比，動態描寫與靜態描寫相結合的手法爲作品增添了美感。

贈答詩有八首，其中《歸沐呈任中丞昉詩》、《酬陸長史倕詩》、《答何記室詩》不僅在其贈答詩中，即使從其全部作品看來，也是比較優秀的，突出反映了他的詩歌主張，又帶有雍容的特徵。如《答何記室詩》：

遊子倦飄蓬，瞻途杳未窮。晨征凌迸水，暮宿犯頹風。出洲分去燕，向浦逐歸鴻。蘭芽隱陳葉，荻苗抽故叢。忽億園間柳，猶傷江際楓。吾生棄武騎，高視獨辭雄。既殫孝王產，兼傾卓氏僮。罷籍睢陽囿，陪謁建章宮。紛余似鑿枘，方圓殊未工。黑貂久自弊，黃金屢已空。去辭追楚穆，還耕偶漢馮。巧拙良爲異，出處嗟莫同。若厭蘭臺右，見訪灞陵東。

作此詩時孝綽剛剛被免官復起用。「遊子」、「晨征」兩句，抒發了游子在外漂泊，風餐露宿的孤獨無依之感，又引了「蘭芽」和「荻苗」，流露出了狐死仍守丘，游子則更加懷鄉的思想感情。這種感情既是寄予何遜，也是對自己曾經跟隨安成王蕭秀出郢州的回顧。「紛余似鑿枘，方圓殊未工。」點明了自己「多忤於物」、與人不和的性格，其中又包含著一種委屈無奈之情。最末兩句，流露出了歸隱的念頭，似乎是在對何遜說，又像是在自語，剛剛被免官，難免有如此情緒，但是儘管如此，這也只是偶而發的牢騷，他的仕途之路還是較爲平坦的。

詠物詩。王夫之的《薑齋詩話》云：「詠物詩齊梁始多有之。」〔5〕劉孝綽的詠物詩所詠範圍較廣，重在寫物，追求眞切、工細，不同於以前的詠物詩，但有些詩歌也有所寄託。如《詠百舌詩》：

山人惜春暮，旭旦坐花林。復値懷春鳥，枝間弄好音。遷喬聲迥出，赴谷響幽深。乍聽長而短，時聞絕復尋。孤鳴若無對，百囀似群吟。昔聞屢歡昔，今聽忽悲今。聽聞非殊異，遲暮獨傷心。

雖題名爲《詠百舌》，實際上在寫百舌鳴囀而引起的遲暮之感。「昔聞屢歡昔」，少年不識愁滋味，而今斗轉星移，物是人非，百舌雖鳴，快樂的青春時光卻一去不復回，「今聽忽悲今」，留下的只有生命將盡的悲哀。本詩通過聽百舌鳴囀，成功地表現了詩人的遲暮之感，寄託也較爲深沉。

又如，《詠琴詩》：

上宮秋露結，上客夜琴鳴。幽蘭暫罷曲，積雪更傳聲。

寥寥幾句，營造出了一個很美的意境。秋夜聽琴，一曲終了，遍坐無言，只聽得積雪沙沙。讀者卻還沉浸在那種意境之中，回味悠遠。只是單純詠物，卻達到了清逸脫俗的境界。

寫景詩。《顔氏家訓・文章》云：「孝綽當時既有重名，無所與讓，唯服謝朓。」謝朓長於山水風景詩，張宗原在《謝朓詩歌藝術簡論》中說：「他很善於攝取最動人的瞬間，以清俊的詩句，率直地道破自然之美。」〔6〕他很好地利用了「四聲八病」理論，「語言凝重圓熟，而且在宮商的清圓激厲，深得詩中三昧。」〔7〕然而，劉孝綽的寫景詩並不很突出，數量不多，只有六首。如，《賦得始歸雁詩》：

洞庭春水緑，衡陽旅雁歸。差池高復下，欲向龍門飛。

這首詩向我們展示了一幅春日雁飛圖，把旅雁的形象描繪得惟妙惟肖，「差池高復下」，對瞬間的動態美進行了捕捉，將動態描寫加入其中，可見謝朓對他的影響，最末一句「欲向龍門飛」，一語雙關，既是旅雁飛向龍門，又表達出自己渴望回到都城長安的心情。體制聲律方面，頗似五絶。

詠懷詩。有十三首，如《校書秘書省對雪詠懷詩》：

桂華殊皎皎，柳絮亦霏霏。詎比咸池曲，飄飖千里飛。恥均班女扇，羞儷曹人衣。浮光亂粉壁，積照朗彤闈。鶺鴒摇羽至，鶺鴒拂翅歸。相彼猶自得，嗟余獨有違。終朝守玉署，方夜勞石扉。未能奏緗綺，何由辨國闈。坐銷風露質，遊聯珠璧暉。偶懷笨車是，良知高蓋非。既言謝端木，無爲陳巧機。

劉孝綽一生曾三次任秘書省，此詩應爲他第三次任秘書省時所作。大同二年（536），他因受賄被從兄弟尚書左丞劉覽劾奏，左遷信威臨賀王長史，很快又遷秘書監。當時的心情和此詩所傳達的意向相同。「鶺鴒摇羽至，鶺鴒拂翅歸。相彼猶自得，嗟余獨有違」句，羡慕「鶺鴒」、「鶺鴒」兄弟和睦，而從兄弟卻將自己彈劾，多少帶有抱怨的成分。「未能奏緗綺，何由辨國闈」，表達了作者惆悵低落的情緒，這可能正是他一生「自躓身名，徒鬱抑當年」的表現。這首詩將其內心的鬱悶抒發得淋漓盡致。

又如《登陽雲樓詩》：

吾登陽臺上，非夢高唐客。回首望長安，千里懷三益。顧唯慚入楚，降私等申白。西沮水潦收，昭丘霜露積。龍門不可見，空慕淩寒柏。

此詩作於大通元年（527）秋，當時孝綽起爲西中郎湘東王諮議，跟隨湘東王蕭繹來到了楚地，登上陽臺，回首望去，長安已在千里之遙，陪伴他的，只有寒風中的松柏。秋天是蕭颯、落寞的，若身處異地則會感到思鄉之情倍增，作者將「水潦」、「霜露」這些帶有寒氣的字眼組合在一起，更爲有效地渲染出了他內心的淒清。

豔體詩。劉孝綽的豔體詩有十四首，這些詩和蕭統所倡導的詩風並不相同，可能作於蕭統病逝之後，因蕭綱、蕭繹提倡綺麗的宮體詩，爲了趨時附勢而將其詩風改變。有些人認爲這就屬於宮體詩，但筆者認爲，這種詩體確有宮體詩的傾向，但又不同於宮體詩膩得令人生厭。它是從永明代表作家沈約、謝朓、王融等倡導清麗詩風，由清至麗的一種發展趨勢，是永明體的進一步發展。其內容主要是對女性外形和心理的描寫，其中包括一些代言體詩歌，以女性的口吻抒寫閨怨題材，辭采穠麗，描寫細巧，音樂性強。

代言體有六首，其中三首爲樂府詩，使用《銅雀妓》、《三婦豔》等漢魏舊曲，一首《古意》詩，兩首徒詩。

如《古意送沈宏詩》：

> 燕趙多佳麗，白日照紅妝。蕩子十年別，羅衣雙帶長。春樓怨難守，玉階空自傷。復此歸飛燕，銜泥繞麴房。差池入綺幕，上下傍雕梁。故居猶可念，故人安可忘。相思昏望絕，宿昔夢容光。魂交忽在御，轉側定他鄉。徒然顧枕席，誰與同衣裳。空使蘭膏夜，炯炯對繁霜。

描寫佳麗閨中之怨，抱怨蕩子不歸，春樓難守，卻又思之念之，夢中相見，夢醒後發現一切成空，仍要獨自度過漫漫長夜。全詩妝、長、傷、房、梁、忘、裳、霜八韻，音律和諧，語言流暢，頗具《古詩十九首》的風格。

描寫女性的詩歌有八首，如《遙見美人採荷詩》：

> 菱莖時繞釧，棹水或沾妝。不辭紅袖濕，唯憐綠葉香。

描繪女子採荷，即使「棹水沾妝」，「紅袖濕」也不在意，「唯憐綠葉香」。不同於通常的詩歌描寫女子的端莊或是羞澀，而是突現了女子活潑俏皮的性格，令人耳目一新。對美進行了瞬間的捕捉，在剎那間尋找到了詩意。

此外，劉孝綽還有幾首奉和詩，但沒有多少價值。

劉孝綽在天監中後期至普通年間取得成就，此時永明體的最後一位代表沈約業已去世（天監十二年），宮體詩還未興起，通常認爲這一時期的文學風尚在蕭統的主持和影響之下發生了較爲顯著的變化，雖然這段時間的文學實績遠不及永明體的輝煌，也不及宮體詩的影響，但崇尚文質彬彬的雍容風格也是有別於古今的。然而，僅僅由蕭統的倡導將劉孝綽的成就一概而論也不夠全面。劉孝綽前期詩風較爲雍容，符合蕭統的標準，而後期詩風的變化，有趨時附勢的因素，但筆者認爲更主要的是體現出劉孝綽承上啓下的重要作用，因爲他的詩風不同於永明體，傾向於宮體詩而又有所不同，所做的豔體詩先於宮體詩的產生，若說劉孝綽影響了一代宮體詩，也並不爲過，這一點我們萬不可忽視。這種變化體現出了劉孝綽求變創新的觀念，正如《文選序》中主張的「隨時改變」。

三、劉孝綽與《文選》編纂

《文選》的編者問題，直至近代都沒有產生疑問，因爲蕭統的銜名，以及他作的序，習慣上都稱作《昭明文選》。1976 年，日本立命館大學教授清水凱夫教授在《〈文選〉的編輯周圍》一文中首先提出《文選》的實際編纂者是劉孝綽，1984 年，他又在《〈文選〉撰（選）者考》一文中強調了此觀點。曹道衡、沈玉成先生在 1988 年國際「文選學」討論會上提交了論文《有關〈文選〉編纂中的幾個問題的擬測》（以下簡稱《擬測》），也提出了劉孝綽協助蕭統編纂《文選》的觀點，1995 年曹道衡先生又發表了《關於蕭統和〈文選〉的幾個問題》，重申了此觀點。清水凱夫先生的觀點一提出，就遭到了國內學者的強烈反對，代表人物是揚州師範學院的顧農先生和四川師範大學的屈守元先生。

下面，筆者對幾種看法進行簡要敘述：

清水凱夫先生——《文選》的實際編纂者爲劉孝綽。

清水先生是日本「新文選派」的主要代表，他曾發表過《〈文選〉的編輯周圍》，《〈文選〉撰（選）者考》等文章，用許多事實證據來證明《文選》的實際編纂者爲劉孝綽而非蕭統，這些文章都收入《六朝文學論文集》（重慶出版社，1989 年）。他主要有以下觀點：

1.《文選》對作品的選錄體現出了劉孝綽的愛憎和傾向。

如，何遜的詩文被當時文壇竭力讚賞，與劉孝綽並稱「何劉」，可劉孝綽對他非常避忌，何遜的作品未入選。相反地，徐悱的詩文成就並不突出，他的作品卻得以入選，原因可能是他的妻子是劉孝綽的妹妹。

收錄劉孝標《廣絕交論》是爲了報復到洽兄弟；收錄「文體冗長，過分講究修飾，大部分內容不值得一讀，沒有個性」的《頭陀寺碑文》是爲了慰藉不幸陷於惡名的劉諠的亡魂；《劉先生夫人墓誌銘》「可能是爲消除不好的謠傳及恢復劉先生和夫人王氏的名譽而撰寫」。

2.「在《文選》的全部文體中，可以判定，是以所謂『士不遇之感』爲主體之文作爲中心選錄的；這反映了劉孝綽的強烈意圖，是編者劉孝綽自我表現的結果」。〔8〕

如，他曾在《從〈文選〉選文看編纂者的文學觀》一文中舉出《文選》中「頌」和「上書」兩種文體及若干作品，以證明「《文選》編者選擇了申訴自己切身痛感的，一方面追求良好君臣關係，一方面又慨歎時常不幸的現實遭遇多厄運的文章」。〔9〕

3.《文選》中的文章，有若干觀點與蕭統觀點不合。

如，宋玉《高唐賦》和《神女賦》，《登徒子好色賦》及曹植《洛神賦》等以「情」爲主題的作品，指出「這幾篇賦，由於都是以靡麗之文表現女性的豔麗風姿，可說是內容上全無諷刺的作品。撰錄這些作品與其取文之標準在於兼文質而無傷風教的昭明太子的文學觀是極不吻合的」。〔10〕

屈守元先生——蕭統主持編輯《文選》的地位不可代替。

屈守元先生在 1988 年國際「文選學」討論會上提交了一篇《「昭明太子十學士」說》，又在 1991 年第三期的《四川師範大學學報》上發表了《「昭明太子十學士」和〈文選〉編輯的關係》，明確指出，「十學士」「不能代替昭明太子蕭統對於主持編輯《文選》的地位」。

屈守元先生首先肯定了劉孝綽在《文選》編纂上的作用，但又說「劉孝綽是蕭統編輯《文選》的主要助手，不能因此抹殺蕭統是主持編輯者這一事實，更不能說劉孝綽是《文選》的實際編輯者。」〔11〕以收錄《廣絕交論》爲例，「《廣絕交論》的入選，也決不只是劉孝綽藉此報復到氏兄弟，蕭統對於任昉就有與他的父親蕭衍不同的態度。任昉替蕭衍寫的《天監三年策秀才文》使他丟掉了『參掌大選』的權柄，而《文選》卻把它選入了。爲任昉身後悲涼鳴不平的《廣絕交論》，它的入選，肯定也是蕭統的意旨，這些地方，可以看到蕭統的氣魄、卓識，劉孝綽是不可能有這種冒犯當時君主的膽量的。劉孝綽是蕭統的得力助手，這樣說沒有錯；但因此而把《文選》的主編權從蕭統手上奪取給劉孝綽，那就完全錯了！」〔12〕

顧農先生——《文選》反映的是作爲主編的蕭統的主張。

顧農先生在 1993 年第一期的《齊魯學刊》上發表了《與清水凱夫先生論〈文選〉編者問題》。認爲清水先生「持論未免有所偏至。蕭統乃是一位內行，不宜如此將他架空，何況劉孝綽的文學趣味與蕭統本是一路」。〔13〕

顧農先生針對清水先生提出的事實論據一一提出己見，得出結論，「《文選》雖然並非蕭統一個人獨自完成的，他手下的文人學士如劉孝綽等人在編務方面大約做過不少事情，但無可懷疑的是《文選》本身確實反映了作爲主編的蕭統的主張」。〔14〕

曹道衡先生——《文選》是按照蕭統的文學觀，並在他的實際主持下進行的。

曹、沈兩位先生在《擬測》一文中說，劉孝綽是協助蕭統編纂的主要人物。曹道衡先生又在 1995 年第五期《社會科學戰線》上發表了《關於蕭統和〈文選〉的幾個問題》，文中提到，「筆者過去在作《有關〈文選〉編纂中幾個問題的擬測》一文時，似對《文鏡秘府論》的話理解有片面之處，即過分強調了蕭、劉，尤其是劉孝綽的作用。因爲《文鏡秘府論》的原話是『劉孝綽等』，說明協助蕭統工作的，當不止劉孝綽一人。因此《文選》中篇目的選定，是否完全取決於蕭統、劉孝綽的意志，甚至僅僅決定於劉孝綽，則頗可懷疑。這些協作者中，劉孝綽也許是蕭統所最信任的，但不等於其他各人的意見都不起作用。」〔15〕

「至於劉繪，其駢文既被鍾嶸所讚揚，而《文選》竟不收一篇，如果劉孝綽眞能對《文選》的取捨具有決定權，恐怕也不會有這種情況。清水凱夫教授認爲《文選》中選錄王巾《頭陀寺碑文》、任昉《劉先生夫人墓誌銘》二文，都是爲了照顧琅琊王氏、彭城劉氏二家。但他偏不照顧自己的父親，恐怕未必近於事實。因爲到目前爲止，我們所能見到的關於劉孝綽參加《文選》編集工作的記載，主要只有《文鏡秘府論》和《玉海》引《中興書目》兩條材料，而二書原文，都有『等』字，說明並非劉孝綽一人。這些人均屬『文選樓中諸學士』之列，其地位與劉孝綽並無高下之別，最多只是蕭統對他們的信任程度略有不同，不能說他們一概都得聽從劉孝綽的意見。」「儘管有一個日本所藏的古抄無注本《文選》，在《序》的眉端有批語云爲劉孝綽所作，但也只能是劉孝綽爲蕭統代筆，其口氣仍是蕭統的話。這說明對於這篇序和這部書，蕭統還是要負擔責任的。他既要使這部總集上不至觸犯梁武帝的忌諱，下面又要顧及其他參加者的意見，而不是讓劉孝綽一人獨自主宰一切。

劉孝綽不可能也不至於像清水凱夫教授想像的那樣，在入選《文選》的很多作品時，都寓有他發憤抒情或譏刺世事之意。」〔16〕

這裡，筆者的觀點是，《文選》是在蕭統的實際主持下編纂的，劉孝綽是協助蕭統編纂《文選》的主要人物。

唐代日釋空海《文鏡秘府論・南卷・集論》:「晚代銓文者多矣。至如昭明太子蕭統與劉孝綽等，撰集《文選》，自謂畢乎天地，玄諸日月。」〔17〕

宋代王應麟《玉海》卷五十四引《中興書目》錄《文選》並注云:「與何遜、劉孝綽等選集。」〔18〕

根據《梁書》《南史》中何遜的傳記，他平生未做過東宮官屬，找不出他與蕭統的來往，因此他不大可能參與《文選》的編纂。

劉孝綽是當時文壇的領袖人物，又深得蕭統的信任（均見《梁書・劉孝綽傳》，此略），此外，他提出的「典而不野，遠而不放，麗而不淫，約而不儉」的文學主張還與蕭統的主張相同，因此，劉孝綽完全有可能參與文選的編纂。

然而，劉孝綽絕不可能是《文選》的實際編纂者。以未收入何遜作品爲例，據《顏氏家訓》記載，劉孝綽似乎對何遜有所避忌，但我們又應注意到晁公武《郡齋讀書志》卷二〇「總集類」《文選》:「竇常（或『常寶鼎』）謂統著《文選》以何遜在世，不錄其文，蓋其人既往，而後其文克定。然則所錄皆前人作也。」〔19〕，梁代鍾嶸《詩品》序也說:「其人既往，其文克定，今所寓言，不錄存者。」〔20〕這些文字雖說在蕭統《文選》序中沒有提到，但也不容忽視。可能《文選》的體例是根據《詩品》而來的。

至於收入劉孝目標《廣絕交論》，也不能簡單判定就是劉孝綽報復到氏兄弟。作品本身還是很有價値的，其收錄恰好和劉孝綽的意向相同，只是歷史的巧合而已，不可以因此臆測劉孝綽的決定性作用。曹道衡先生在《關於蕭統和〈文選〉的幾個問題》中推斷《文選》「在編纂之初，本限於選錄天監十二年以前去世的人之作，而十二年以前去世的人之作，而劉孝標等人之作，是後來在編定時加上去的。」〔21〕這一看法，爲我們瞭解劉孝綽的作用提供了一定的基礎，何遜作品的未入選也有了較爲合理的解釋。

注釋：

〔1〕〔唐〕姚思廉《梁書》，中華書局，1973 年版，第 479 頁。

〔2〕〔北齊〕顏之推撰、王利器集解《顏氏家訓集解》，上海古籍出版社，1982年3月版，第276頁。

〔3〕〔梁〕鍾嶸著、陳延傑注《詩品注》，人民文學出版社，1980年版，第5頁。

〔4〕同上。

〔5〕〔清〕王夫之著、戴鴻森箋注《薑齋詩話箋注》，人民文學出版社，1981年版，第152頁。

〔6〕張宗原《謝朓詩歌藝術簡論》，《文學評論》1984年第6期，第72頁。

〔7〕同上。

〔8〕趙福海主編《文選學論集》，時代文藝出版社，1992年，第214頁。

〔9〕同上。

〔10〕〔日〕清水凱夫著、韓基國譯《六朝文學論集》，重慶出版社，1989年，第7頁。

〔11〕屈守元《「昭明太子十學士」和〈文選〉編輯的關係》，《四川師範大學學報》1991年第三期，第51頁。

〔12〕同上。

〔13〕俞紹初、許逸民《中外學者文選學論集》，中華書局，1998年，第492頁。

〔14〕同上。

〔15〕曹道衡《關於蕭統和〈文選〉的幾個問題》，《社會科學戰線》，1995年第五期，第208頁。

〔16〕同上。

〔17〕〔日〕弘法大師原撰、王利器校注《文鏡秘府論校注》，中國社會科學出版社，1983年7月版，第354頁。

〔18〕《影印文淵閣四庫全書》，臺灣商務印書館，1984年版。994冊，第437頁。

〔19〕《影印文淵閣四庫全書》，臺灣商務印書館，1984年版。674冊，第153頁。

〔20〕鍾嶸著、陳延傑注《詩品注》，人民文學出版社，1980年版，第4頁。

〔21〕曹道衡《關於蕭統和〈文選〉的幾個問題》，《社會科學戰線》，1995年第五期，第207頁。

凡　例

1. 書名依《隋書・經籍志》所著錄的《劉孝綽集》而附以「校注」二字。
2. 本集據清人嚴可均《全梁文》、逯欽立《全梁詩》提供的版本線索，重新覆核原書，進行校注。所用底本、校本見於每篇頭條注文。
3. 仿漢唐舊注體式，融校注於一體。
4. 本顯誤者，徑改原文，並在校記中說明；參校本誤，而底本不誤者，不出校；兩可者，寫入校記，不改動原文；明顯的版刻錯字、避諱字、通假字和異體字徑改不出校；參校本脫文不出校。
5. 注釋先用白話文解文字，接著指明用事用典，必要時作簡明疏通。

詩

酬陸長史倕詩（1）

王粲始一別（2），猶且歎風雲（3）。況余屢之遠（4），與子亟離群（5）。如何持此念，復爲今日分。分悲宛如昨（6），弦望殊揮霍（7）。行舟雖不見，行程猶可度。度君路應遠，期寄新詩返。相望且相思，勞朝復勞晚（8）。薄暮閽人進（9），果得承芳信（10）。殷勤覽妙書（11），留連披雅韻（12）。冽洲財賦總（13），慈山行旅鎮（14）。已切臨睨情（15），遽動思歸引（16）。歸歟不可即（17），前途方未極。覽諷欲諼誚（18），研尋還慨息（19）。來喻勖雕金（20），比質非所在（21）。虛薄無時用（22），徘徊守故林（23）。屏居青門外（24），結宇霸城陰（25）。竹庭已南映（26），池牖復東臨（27）。喬枝貫簷上（28），垂條拂戶陰（29）。條開風暫入，葉合影還沈（30）。帷屏溽早露（31），階溜擾昏禽（32）。衡門謝車馬（33），賓席簡衣簪（34）。雖愧陽陵曲（35），寧無流水琴（36）。蕭條聊屬和（37），寂寞少知音。平生竟何託（38），懷抱共君深（39）。一朝四美廢（40），方見百憂侵（41）。曰余濫官守（42），因之泝廬久（43）。水接淺源陰（44），山帶荊門右（45）。從容少職事（46），疲病踈僚友（47）。命駕獨尋幽（48），淹留宿廬阜（49）。廬阜擅高名（50），岧岧凌太清（51）。舒雲類紫府（52），標霞同赤城（53）。北上輪難進，東封馬易驚。未若茲山險（54），車騎息逢迎（55）。石横路似絕（56），徑側樹如傾。蒙籠乍一啓(57)，磥砨無暫平(58)。倚岩忽回望，援蘿遂上征。乍觀秦帝石，復憩周王城。交峰隱玉溜，對澗距金楹。風傳鳳臺管(59)，雲度洛賓笙(60)。紫書時不至(61)，丹爐且未成(62)。無因追羽翮(63)，及爾宴蓬瀛(64)。蓬瀛不可託，悵然反城郭。時過馬鳴院，偶憩鹿園閣(65)。雖異人世勞(66)，聊比化城樂(67)。影塔圖花樹(68)，經臺揔香藥(69)。月殿耀朱幡(70)，風輪和寶鐸(71)。園棂即重嶺(72)，階基仍巨壑。朝湲響甍棟(73)，夜水聲帷薄(74)。餘景鶩登臨(75)，方宵盡談謔(76)。談謔有名僧，慧義似傳燈(77)。遠師教逾闡，生公道復弘(78)。小乘非汲引(79)，法善招報能(80)。積迷頓已悟(81)，爲歡得未曾。爲歡誠已往，坐臥猶懷想(82)。況復心所親(83)，茲地多諧賞(84)。惜哉無輕軸，更泛輪湖上(85)。可思不可見，離念空盈蕩。賈生傅南國(86)，平子相東阿(87)。優游匡贊罷(88)，縱橫辭賦多(89)。方才幸同貫，無令絕詠歌。幽谷雖云阻，煩君計吏過。

注釋：

（1）此篇錄自《文苑英華》卷二百四十，以《古詩紀》卷八十七比勘。陸倕，字佐公，吳郡吳人，少勤學，善屬文。爲太子中舍人，管東宮書記。遷太子庶子、國子博士。爲中書侍郎，給事黃門侍郎，揚州別駕從事史，以疾陳解。遷鴻臚卿，入爲吏部郎，參選事。出爲雲麾晉安王長史、尋陽太守、行江州府州事。普通七年，卒，年五十七。文集二十卷。《梁書》卷二十七有傳。

（2）王粲，字仲宣，山陽高平人。獻帝西遷，粲徙長安，左中郎將蔡邕見而奇之。性善算，作算術，略盡其理。善屬文，舉筆便成。著詩、賦、論、議六十篇。建安二十二年春，病卒，時年四十一。《三國志》卷二十一有傳。此處指王粲《登樓賦》:「登茲樓以四望兮，聊暇日以銷憂。覽斯宇之所處兮，實顯敞而寡仇。挾清漳之通浦兮，倚曲沮之長洲。背墳衍之廣陸兮，臨皐隰之沃流。北彌陶牧，西接昭邱。華實蔽野，黍稷盈疇。雖信美而非吾土兮，曾何足以少留！」

（3）且，《文苑》云:「集作自。」

（4）屢，多次。《詩經・小雅・正月》:「屢顧爾僕，不論爾載。」鄭箋:「屢，數也。」

（5）亟，屢次，一再。《玉篇・二部》：「亟，數也。」《左傳》隱公元年：「亟請於武公，公弗許。」離群，離開眾人。《周易・乾》：「上下無常，非為邪也；進退無恒，非離群也。」孔穎達疏：「何氏云：『所以進退無恒，時使之然，非苟欲離群也。』」

（6）宛，《古詩紀》云：「一作悵。」

（7）揮霍，迅疾的樣子。《文選・陸機〈文賦〉》：「體有萬殊，物無一量，紛紜揮霍，形難為狀。」李善注：「揮霍，疾貌。」

（8）相望且相思，勞朝復勞晚。勞，愁苦。《詩經・邶風・燕燕》：「瞻望弗及，實勞我心。」高亨注：「勞，愁苦。」《文苑》云：「集作相望接風煙，相思勞歲晚。」

（9）閽人，守門人。

（10）芳信，敬稱他人來信。信，《文苑》云：「集作訊。」

（11）殷勤，急切。三國魏曹操《謝襲費亭侯表》：「賢君殷勤於清良，聖祖敦篤於明勳也。」妙書，精美的字跡。

（12）留連，用心琢磨。披，分析，辨析。《史記・魏其武安侯傳》：「不折必披。」正義：「披，分析也。」雅韻，雅正的韻律。漢蔡邕《琴賦》：「指掌反覆，抑案藏摧，於是繁絃既抑，雅韻復揚。」

（13）洌洲，在今江蘇省江寧市西南。《古詩紀》云：「一作州。」財賦，財貨貢賦。《尚書・禹貢》：「庶土交正，底慎財賦。」孔安國傳：「致所慎者，財貨貢賦，言取之有節，不過度。」財，《文苑》云：「集作裁。」總，總括，彙集。本作「牛忽」，依《古詩紀》改。

（14）慈山，可能為慈姥山，在今安徽省馬鞍山市東北。行旅，出行。行，《文苑》云：「集作非。」

（15）臨睨，《楚辭・離騷》：「陟升皇之赫戲兮，忽臨睨夫舊鄉。」王逸注：「睨，視也。」此處指代思鄉。

（16）遽，遂。歸引，返回，退避。引，卻。《禮記・玉藻》：「侍坐則必退席，不退，則必引而去君之黨。」鄭玄注：「引，卻也。」

（17）歸歟，歸去。南朝宋謝靈運《冬緒羈懷示蕭諮議虞田曹劉江二常侍》：「方軫歸歟願，故山芝未歇。」《說文・欠部》：「歟，安氣也。」

（18）諷，用委婉的語氣暗示、勸告、指責。《韓非子・八經》：「故使之諷，諷定而怒。」王先謙集解：「諷，勸諫。」諼，忘記。《詩經・衛風・淇奧》：「有匪君子，終不可諼兮。」毛傳：「諼，忘也。」誚，責怪。《尚書・金縢》：「王亦未敢誚公。」孫星衍疏：「誚者，《方言》云：『讓也。』」

（19）研尋，研究探索。慨息，感慨歎息。

（20）勖，勉勵。雕金，華美的文辭。

（21）比質，相關的本質。

（22）時用，爲世所用，指治世之才。《文選・嵇康〈與山巨源絕交書〉》：「足下若嬲之不置，不過欲爲官得人，以益時用耳。」無時，《文苑》云：「集作舉無。」

（23）徘徊，不進貌。《玉篇・彳部》：「徘徊，猶彷徨。」《史記・呂后紀》：「徘徊往來。」故林，故鄉的樹林，比喻故鄉。

（24）屏居，退隱獨居。《漢書・竇嬰傳》：「嬰爭弗能得，謝病，屏居藍田南山下。」師古曰：「屏，隱也。」青門，長安城東南門，本名霸城門，因其門爲青色，故名。《文選・阮籍〈詠懷詩〉》：「昔聞東陵瓜，近在青門外。」

（25）結宇，建造屋舍。南朝梁慧皎《高僧傳・義解三・慧永》：「素與遠共期，欲結宇羅浮之岫。」霸城，即灞陵。《文選・潘岳〈西徵賦〉》：「金狄遷於灞川。」李善注：「潘岳《關中記》曰：『秦爲銅人十二，董卓壞以爲錢，餘二枚，魏明帝欲徙詣洛，載到霸城，重不可致。今在霸城次道南。銅人，即金狄也。』」霸，《古詩紀》作「灞」。

（26）竹庭，用竹建造的庭院。映，隱藏。

（27）牖，木窗。《說文・片部》：「牖，穿壁以木爲交窗也。」段玉裁注：「交窗者，以木橫直爲之，即今之窗也。在牆曰牖，在屋曰窗。」《尚書・顧命》：「牖間南向，敷重篾席。」孔穎達疏：「牖，謂窻也。」東，《文苑》云：「集作西。」

（28）喬枝，高枝。喬，高。《尚書・禹貢》：「厥木惟喬。」傳：「喬，高也。」枝，《古詩紀》作「柯」。貫，通。《論語・里仁》：「吾道一以貫之。」《楚辭・招魂》：「路貫廬江兮左長簿。」

（29）陰，背陽的部分。《周禮・冬官考工記・輪人》：「凡斬轂之道，必矩其陰陽。陽也者，稹理而堅；陰也者，疏理而柔。」賈公彥疏：「背日爲陰。」

（30）沈，《古詩紀》作「沉」。

（31）帷屏，設帳爲屏。溽，沾濕。《廣雅・釋詁一》：「溽，濕也。」《文選・郭璞〈江賦〉》：「林無不溽，岸無不津。」李善注：「《廣雅》曰：『溽，濕也。』」

（32）溜，屋檐的流水。《玉篇・雨部》：「溜，雨屋水流下。」《文選・潘岳〈悼亡詩〉》：「春風緣隟來，晨溜承簷滴。」

（33）衡門，横木爲門，指淺陋。《詩經・陳風・衡門》：「衡門之下，可以棲遲。」《漢書・韋玄成傳》：「使得自安衡門之下。」謝，謝絕。《史記・秦本紀》：「秦怨圉亡去，乃迎晉公子重耳於楚，而妻以故子圉妻。重耳初謝，後乃受。」

（34）賓席，賓筵。衣簪，衣冠簪纓，仕宦的服裝。南朝梁王僧孺《南海求士教》：「風序泱泱，衣簪斯盛。」

（35）陽陵曲，古曲名，又稱《陽阿》。漢劉向《新序・雜事一》：「其爲《陽陵》、《采薇》，國中屬而和者數百人。」陵，《古詩紀》云：「一作春。」

（36）流水，即《高山流水》，古琴曲名。

（37）蕭條，寂寞冷落。《楚辭・遠遊》：「山蕭條而無獸兮，野寂漠其無人。」《文選・曹植〈贈白馬王彪〉》：「野原何蕭條，白日忽西匿。」屬和，跟著別人唱。《文選・宋玉〈對楚王問〉》：「客有歌於郢中者，其始曰：下里巴人，國中屬而和者數千人。」聊，《文苑》云：「集作寡。」

（38）託，《古詩紀》作「託」。《說文・言部》：「託，寄也。」《方言》卷二：「凡寄爲託。」《禮記・檀弓》：「久矣，予之不託於音也。」

（39）懷抱，心意。《後漢書》李賢注引馬衍《與陰就書》：「衍年老被病，恐一旦無祿，命先犬馬，懷抱不報，齎恨入冥，思剖肝膽，有以塞責。」

（40）四美，音樂、珍味、文章、言談。《文選・劉琨〈答盧諶〉》：「音以賞奏，味以殊珍，文以明言，言以暢神，之子之往，四美不臻。」

（41）百憂，種種憂愁。

（42）濫，才不能勝。

（43）久，本作「九」，依《古詩紀》改，《古詩紀》云：「一作九。」

（44）源，《古詩紀》作「原」。

（45）荊門，荊州。門，《文苑》云：「集作臺。」

（46）從容，休燕閑暇。《詩經・小雅・都人士》：「古者長民，衣服不貳，從容有常，以齊其民。」箋：「從容，謂休燕也。休燕猶有常，則朝夕明矣。」職事，《左傳》定公四年：「職事於魯。」《史記・秦始皇本紀》：「貴賤分明，男女禮順，慎遵職事。」

（47）踈，《正字通》：「踈，疎字之訛。」《古詩紀》作「疎」。

（48）命駕，命人駕車馬，指立即動身。《左傳》哀公十一年：「退，命駕而行。」

（49）淹留，逗留。《楚辭・離騷》：「時繽紛其變異兮，又何可以淹留？」廬阜，廬山。

（50）高名，高大。《莊子・人間世》：「三圍四圍，求高名之麗者斬之。」郭慶藩集釋：「名，大也。謂求高大之麗者，用三圍四圍之木也。」

（51）岧岧，高的樣子。《文選・張衡〈西京賦〉》：「干雲霧而上達，狀亭亭以岧岧。」注：「綜曰：『亭亭，岧岧，高貌也。』」《文苑》云：「集作迢迢。」太清，天空。《楚辭・劉向〈九歎・遠遊〉》：「譬若王僑之乘雲兮，載赤霄而凌太清。」王逸注：「上凌太清，遊天庭也。」

（52）舒雲，緩慢移動的雲。舒，徐。《詩經・召南・野有死麕》：「舒而脫脫兮。」傳：「舒，徐也。」紫府，道教稱仙人所居。《抱朴子・內篇・祛惑》：「及到天上，先過紫府，金床玉幾，晃晃昱昱，眞貴處也。」

（53）標霞，美麗的雲霞。赤城，傳說中的仙境。

（54）未若，不如。

（55）逢迎，對面相逢。《史記・項羽本紀》：「逢迎楚軍。」

（56）石，《古詩紀》作「山」。

（57）蒙籠，草木茂盛的樣子。《淮南子・脩務訓》：「犯津關，獵蒙籠。」注：「獵蒙籠之山。」《文選・張衡〈南都賦〉》：「下蒙籠而崎嶇。」李善注：「《孫子兵法》曰：『草樹蒙籠。』」

（58）磥硊，高險的樣子。《劉子・韜光》：「分條布葉，輪菌磥硊。」

（59）鳳臺，古臺名。漢劉向《列仙傳・蕭史》：「蕭史者，秦穆公時人也。善吹簫，能致孔雀白鶴於庭，穆公有女，字弄玉，好之。公遂以女妻焉。……公為作鳳臺，夫婦止其上。」管，玉管，古樂器，如笛。

（60）洛賓笙，仙人吹笙的聲音。漢劉向《列仙傳・王子喬》：「王子喬者，周靈王太子晉也。好吹笙作鳳凰鳴，遊伊洛之間。」度，本作「渡」，依《古詩紀》改。

（61）紫書，道經。

（62）丹爐，煉丹的爐竈。

（63）羽翮，翼星。《史記・天官書》:「翼爲羽翮，主遠客，軫爲車，主風。」

（64）蓬瀛，蓬萊和瀛洲。神山名，相傳爲仙人所居之處，泛指仙境。

（65）時過馬鳴院，偶憩鹿園閣。本作「日斜歸路遠。（云：「集作過。」）偶憩庵園閣。」依《古詩紀》改。鹿園，即鹿野苑。佛教地名。在中天竺波羅奈國。釋迦成道後，來此說四諦三法。故名仙人論處。

（66）雖，《古詩紀》作「既」。人世，人生。《文選・潘岳〈秋興賦〉》:「放曠乎人間之世。」本作「商人」，依《古詩紀》改。

（67）化城，一時幻化的城郭。佛教用以比喻小乘境界。《法華經・化城喻品》:「以方便力，於險道中，過三百由旬，化作一城。」

（68）影塔，有圖繪的佛像的塔。

（69）經臺，用於諷誦佛經的臺。《宋書・謝靈運傳》謝靈運《山居賦》:「面南嶺，建經臺；倚北阜，築講堂；傍危峰，立禪室；臨濬流，列僧房。」揔，《古詩紀》作「總」。香藥，香料。

（70）月殿，月宮。梁簡文帝《玄圃園講頌》序：「風生月殿，日照槐煙。」朱幡，紅色的旗幡，尊顯者用。幡，《古詩紀》作「旛」。《釋名・釋兵》:「旛，幡也。其貌幡幡也。」

（71）風輪，寺觀建築上一種裝飾物，靠風力轉動發聲，即風鈴。寶鐸，佛殿或寶塔簷端懸掛的大鈴。梁蕭統《講席詩》:「寶鐸且參差，名香晚芬郁。」

（72）楥，即「楦」。泛指填塞物體中空部位的模架。《文苑》作「援」。《古詩紀》云，一作「垣」。

（73）潺，水流的樣子。《廣韻・山韻》:「潺，水流皃。」《楚辭・九歌・湘夫人》:「觀流水兮潺湲。」《古詩紀》作「猿」。甍棟，屋梁。漢班固《爲第五倫薦謝夷吾表》:「社稷之蓍龜，大漢之甍棟。」

（74）帷薄，帷幕和簾子。

（75）餘景，殘留的光輝，指太陽即將下山時。

（76）談謔，談笑戲謔。《顏氏家訓・勉學》：「吟嘯談謔，諷詠辭賦。」

（77）慧義，指佛法的義諦。南朝梁蕭子顯《御講金字摩訶般若波羅蜜經序》：「能照諸法無生，是慧義。」傳燈，傳法。佛法猶如明燈，能破除迷暗，故稱。

（78）生公，晉末高僧竺道生的尊稱。相傳生公曾於蘇州虎丘寺立石爲徒，講《涅槃經》。極微妙處，石皆點頭。

（79）汲引，開導。南朝梁沈約《南齊竟陵王發講疏並頌》：「無相非色空不可極，而立言垂訓，以汲引爲方。」此句本作「乘非汲引法。」依《古詩紀》改。

（80）此句本作「善忘招報能。」依《古詩紀》改。

（81）積迷，積及昏暗。

（82）懷想，懷念。

（83）親，《古詩紀》作「積」。《古詩紀》云：「一作親。」

（84）諧賞，玩賞。

（85）輪，《文苑》云：「一作淪。」

（86）賈生，賈誼。

（87）平子，屈原。

（88）優游，從容。匡贊，匡正輔佐。《顏氏家訓・省事》：「必在得言之地，當盡匡贊之規，不容苟免偷安，垂頭塞耳。」

（89）縱橫，任其心自由。《後漢書・固傳》：「賓客縱橫，多有過差。」

答何記室遜（1）

遊子倦飄蓬（2），瞻途杳未窮（3）。晨征凌迸水（4），暮宿犯頹風（5）。出洲分去燕（6），向浦逐歸鴻（7）。蘭芽隱陳葉（8），荻苗抽故叢（9）。忽憶園間柳（10），猶傷江際風。吾生棄武騎（11），高視獨辭雄（12）。既殫孝王產（13），兼傾卓氏僮（14）。罷籍睢陽囿（15），陪謁建章宮（16）。紛余似鑿枘，方圓殊未工（17）。黑貂久自弊，黃金屢已空（18）。去辭追楚穆（19），還耕偶漢馮（20）。巧拙良爲異（21），出處嗟莫同（22）。若厭蘭臺右（23），見訪灞陵東（24）。

注釋：

（1）此篇錄自《文苑英華》卷二百四十，以《何遜集》、《古詩紀》卷八十七比勘。《何遜集》、《古詩紀》作「答何記室」。何遜在天監中曾爲建安王蕭偉水曹行參軍，兼記室，後爲廬陵王蕭續記室。

（2）遊子，指遠遊他鄉作客的人。《史記・高祖本紀》：「謂沛父兄曰：『遊子悲故鄉。』」飄蓬，隨風飄轉的蓬草，比喻漂泊無定。

（3）杳，見不到蹤影。《說文・木部》：「冥也。」段玉裁注：「引申爲凡不見之稱。」未，《文苑》云：「一作無。」

（4）淩，迎。《楚辭・九章・哀郢》：「淩陽侯之泛濫兮，忽翺翔之焉薄。」迸水，奔騰的河水。迸，湧也。《文選・潘岳〈寡婦賦〉》：「淚橫迸而沾衣。」

（5）犯，遭遇。《淮南子・主術訓》：「臨死亡之地，犯患難之危。」頹，暴風從上而下。《爾雅・釋天》：「焚輪謂之頹。」郭璞注：「暴風從上下。」《詩經・小雅・谷風》：「習習谷風，維風及頹。」毛傳：「頹，風之焚輪者也。」孔穎達疏：「頹者，風從上而下之名。」

（6）分，離開。《莊子・漁父》：「仁則仁矣，恐不免其身；若心勞形以危其眞。嗚呼！遠哉，其分於道也。」

（7）歸鴻，歸雁。《文選・嵇康〈贈秀才入軍詩〉》：「目送歸鴻，手揮五弦。」

（8）蘭芽，蘭的芽。

（9）荻苗，荻的幼苗。荻，《文苑》云：「一作筍。」

（10）間，《文苑》云：「一作中。」

（11）武騎，勇武的騎士。《漢書・揚雄傳上》：「罕車飛揚，武騎聿皇。」

（12）高視，傲視。辭，本作「余」，依《何遜集》改。《古詩紀》云：「一作余。」

（13）殫，盡。《說文・歺部》：「殫，極盡也。」段玉裁注：「窮極而盡之也。」《莊子・胠篋》：「殫殘天下之聖法，而民始可與論議。」陸德明《經典釋文》：「殫，盡也。」孝王，梁孝王。漢文帝第二子，名武。作曜華宮及兔園，招納四方豪傑，自是山東遊士多歸之。

（14）傾，傾慕，欽佩。《漢書・司馬相如傳上》：「相如爲不得已而強往，一座盡傾。」顏師古注：「皆傾慕其風采也。」卓氏，秦人，以冶鐵致富，秦破趙時，遷臨邛，其富比人君。

（15）籍，門籍。《正字通・竹部》：「籍，門籍，置牒於門，以案出入也。」睢陽，梁孝王所築睢陽城。囿，古代有圍牆的園林。《說文・囗部》：「囿，苑有垣也。」

（16）謁，拜見。《楚辭・九歎・遠遊》：「登崑崙而北首兮，悉靈圉而來謁。」王逸注：「眾神盡來謁見，尊有德也。」建章宮，漢宮殿名。《漢書・武帝紀》：「（太初元年二月），起建章宮。」

（17）紛余似鑿枘，方圓殊未工。比喻二者不相投合。《楚辭・九辯》：「圜鑿而方枘兮，吾固知其鉏鋙而難入。」紛余，雜亂貌。紛，《廣韻・文韻》：「紛，亂也。」余，語氣詞，《說文・八部》：「余，語之舒也。」本作「紛紛」，依《何記室集》改。

（18）黑貂，黑色的貂，比喻極爲貴重。《漢書・元后傳》：「莽更漢家黑貂，著黃貂。」黑貂久自弊，黃金屢已空。黃金屢已空，指金錢盡一文不名。李白《贈從弟襄陽少府皓詩》：「一朝狐裘敝，百鎰黃金空。」也許受此句影響。弊，隱也。《戰國策・秦策五・四國爲一將以攻秦》：「南陽之弊幽。」注：「弊，隱也。」

（19）楚穆，楚穆王，楚成王之子。

（20）偶，遇。《爾雅・釋言》：「偶，遇也。」郭璞注：「偶而相值遇。」漢馮，馮唐，西漢安陵人，文帝時爲郎中署長，景帝時爲楚相，武帝時，以老退休。

（21）良，很。《史記・秦始皇本紀》：「始皇默然良久。」

（22）嗟，表感慨。《詩經・秦風・權輿》：「於我乎！每食四簋。今也每食不飽。於嗟乎，不承權輿。」出處嗟莫同，指官吏去就的態度各異。《三國志・魏書・管寧傳》：「雖出處殊塗，俯仰異體，至於興治美俗，其揆一也。」

（23）蘭臺，地名，在湖北省鍾祥縣東。《文選・司馬相如〈長門賦〉》：「下蘭臺而周覽兮，步從容於深宮。」右，上。古代尊崇右，故以右爲貴上。《史記・廉頗藺相如列傳》：「既罷歸國，以相如功大，拜爲上卿，位在廉頗之右。」

（24）見訪，拜訪。「見」在動詞前，表示客氣。灞陵，地名，在長安城東。庾信《哀江南賦》：「豈知灞陵夜獵，猶是故時將軍，咸陽布衣，非獨思歸王子。」

歸沐呈任中丞昉（1）

步出金華省（2），還望承明廬（3）。壯哉宛洛地（4），佳麗實皇居（5）。虹蜺拖飛閣（6），蘭芷覆清渠（7）。圓淵倒荷芰（8），方鏡寫簪裾（9）。白雲夏峰盡，青槐秋葉疏（10）。自我從人爵（11），蟾兔屢盈虛（12）。殺青徒已汗（13），司舉未云書（14）。文昌愧通籍（15），臨邛幸第如（16）。夫君多敬愛（17），蟠木濫吹噓（18）。時時釋簿領（19），騶駕入吾廬（20）。自嗤誠石肅砆（21），無以儷璠璵（22）。但願長閑暇（23），酌禮薦焚魚（24）。

注釋：

（1）此篇錄自《文苑英華》卷二百四十七，以《藝文類聚》、《古詩紀》比勘。《類聚》三十一作「贈任中丞」。引廬、居、渠、疏、魚五韻。歸沐，官吏假歸休息。任昉，字彥升，小名阿堆，樂安博昌人，齊光祿大夫遐之兄子。宋元徽末辟丹陽尹主簿。入齊，爲奉朝請，舉兗州秀才，拜太常博士，遷征北行參軍。永明初，復爲丹陽主簿，遷司徒刑獄參軍，入爲尚書殿中郎，轉司徒記室參軍，歷太子步兵校尉。永泰末，遷中書侍郎。永元末，爲司徒右長史。中興初，爲驃騎記室參軍。梁受禪，拜黃門侍郎，遷吏部郎中，掌著作，出爲義興太守，重除吏部郎中，轉御史中丞秘書監，領前軍將軍，出爲寧朔將軍、新安太守。天監七年卒，贈太常卿，謚曰敬子，有《雜傳》二百四十七卷，《地記》二百五十二卷，集三十四卷。

（2）金華省，門下省。

（3）承明廬，即承明殿。《說苑・修文》：「『左右之路寢，謂之承明，何也？』曰：『承乎明堂之後也。』」《三輔黃圖》卷三：「班固《西都賦》序云：『內有承明，著作之庭，即此也。」「承明殿，未央宮有承明殿，著述之所也。」三國魏曹植《贈弟白馬王彪詩》：「謁帝承明廬。」此處指謁見天子之處。《文選・應璩〈百一詩〉》：「問我何功德，三入承明廬。」注：「銑曰：『承明，謁天子待制處也。』」還，《類聚》作「遙」。

（4）宛洛，古二邑的並稱。即今天的南陽和洛陽，常借指名都。南朝齊謝朓《出新林渚詩》：「宛洛佳遨遊，春色滿皇州。結軫青郊路，回瞰滄江流。日華川上動，風光草際浮。桃李成蹊徑，桑榆蔭道周。」

（5）佳麗，此處指土地景物的美好。《文選・謝朓〈鼓吹曲〉》：「江南佳麗地，金陵帝王州。」

（6）虹蜺，即彩虹。《文選・宋玉〈高唐賦〉》：「仰視山巔，肅何千千，炫耀虹蜺。」飛閣，高閣。

（7）蘭芷，蘭花與白芷，皆香草。《楚辭・離騷》：「蘭芷變而不芳兮，荃蕙化而爲茅。」王逸注：「言蘭芷之草，變易其體而不復香。」清渠，清澈的水渠。《文選・嵇康〈夜贈秀才入軍詩〉》：「南凌長阜，北厲清渠。」《文選・石崇〈思歸引序〉》：「卻阻長堤，前臨清渠。」

（8）荷芰，蓮及菱也。南朝齊張融《海賦》：「蘋藻留映，荷芰提陰。」

（9）簪裾，古代顯貴者的服飾，借指顯貴。《南史・陸倕傳》：「及昉爲中丞，簪裾輻湊。」

（10）疏，《類聚》、《古詩紀》作「疎」。

（11）人爵，人所與之爵位。《孟子・告子上》：「有天爵者，有人爵者，仁義忠信，樂善不倦，此天爵也。公卿大夫，此人爵也。」

（12）蟾兔，蟾蜍和玉兔，傳說兩物爲月中之精，因代指月。《文選・古詩十九首》：「三五明月滿，四五蟾兔缺。」盈虛，盈滿與空虛，此處指月圓和月缺。

（13）殺青，古代製竹簡的程序之一，將竹火炙去汗後，刮去青色表皮，以便書寫和防蠹。《後漢書・吳祐傳》：「欲殺青簡，以寫經書。」李賢注：「殺青者，以火炙簡令汗，取其青易書，復不蠹，謂之殺青，亦謂汗簡。」汗，青竹被火烤後像出汗一樣冒出的水份。

（14）舉，記錄。《左傳》襄公二十七年：「仲尼使舉是禮也，以爲多文辭。」陸德明《經典釋文》：「沈云：舉，謂記錄之也。」

（15）文昌，今海南省文昌市。

（16）臨邛，今四川省邛崍縣。《漢書・司馬相如列傳》云：「相如之臨邛，……文君竊從戶窺之，心悅而好之，恐不得當也。既罷，相如乃使人重賜文君，侍者通殷勤，文君夜亡奔相如。」《漢書・地理志上》：「蜀郡……縣十五……臨邛。」

（17）敬愛，敬重愛慕。《三國志・魏書・管寧傳》：「閭里敬而愛之。」《戰國策・秦策》：「天下懷樂敬愛，願以爲君主。」

（18）蟠木，指盤曲而難以爲器的樹木。《文選・鄒陽〈獄中上書自明〉》：「蟠木根柢，輪囷離奇，而爲萬乘器者，何則？以左右先爲之容也。」濫，覦。《淮南子・俶眞訓》：「美者不能濫也。」注：「濫，覦也。」吹噓，相佐助也。《方言》卷十二：吹扇助也注：「吹噓，扇佛相佐助也。」

（19）時時，常常。《史記・袁盎晁錯列傳》：「袁盎雖家居，景帝時時使人問籌策。」釋，放下。《莊子・養生主》：「庖丁釋刀對曰：『臣之所好者，道也，進乎技矣。』」簿領，官府記事的簿冊或文書。《文選・劉楨〈雜詩〉》：「沉迷簿領書，回回自昏亂。」李善注：「簿領，謂文簿而記錄之。《史記》曰：『問上林尉諸禽獸簿。』司馬彪莊子注曰：『領，錄也。』」良曰：『簿領書，謂文書也。』」

（20）騶駕，車駕。《玉臺新詠》卷五沈約《少年新婚爲之詠》：「高門列騶駕，廣路從驪駒。」

（21）嗤，嘲笑。《文選・陸機〈文賦〉》：「受嗤於拙目。」《類聚》、《古詩紀》作「唾」。石肅，黑砥石。砆，石次玉者。《文選・司馬相如〈子虛賦〉》：「碝石碔砆。」李善注：「張揖曰：『碝石碔砆，皆石之次玉者。碝石，白者如冰，半有赤色。碔砆，赤地白彩，蔥蘢白黑不分。』」

（22）璠璵，美玉名。《太平御覽》卷八百四云：「《逸論語》曰：『璠璵，魯之寶玉也。』孔子曰：『美哉璠璵，遠而望之煥若也，近而視之瑟若也。一則理勝，一則孚勝。』」

（23）閑暇，空暇。《後漢書・隗囂傳》：「聊及閑暇，廣求其眞。」《三國志・魏書・杜恕傳》：「今向閑暇，可試潛思，成一家言。」

（24）酌禮，酌酒。《詩經・小雅・吉日》：「發彼小豝，殪此大兕。以御賓客，且以酌醴。」《文選・嵇康〈雜詩〉》：「鸞觴酌醴，神鼎烹魚。」焚魚，烤煮乾魚。「薦焚魚」，《類聚》作「焚枯魚」。《文苑》云：「類聚作焚枯魚。」

古意送沈宏詩（1）

燕趙多佳麗（2），白日照紅妝。蕩子十年別，羅衣雙帶長（3）。春樓怨難守（4），玉階悲自傷（5）。復此歸飛燕（6），銜泥繞麴房（7）。差池入綺幕（8），上下傍雕梁（9）。故居猶可念（10），故人何可忘（11）。相思昏望絕（12），宿昔夢容光（13）。魂交忽在御（14），轉側定他鄉（15）。徒然顧枕席（16），誰與同衣裳。空使蘭膏夜(17),炯炯對繁霜(18)。

注釋:

(1) 此篇錄自《文苑英華》卷二百五,以《藝文類聚》卷三十二、《古詩紀》卷八十七比勘。《類聚》作「古意詩」,引妝、長、傷、房、梁、忘、裳、霜八韻。沈宏,吳興武康人,天監初五經博士,有《春秋經解》六卷,《春秋文苑》六卷,《春秋嘉語》六卷,《春秋五辨》二卷。

(2) 燕趙,《文選・古詩十九首》:「燕趙多佳人,美者顏如玉。」佳麗,美人。《文選・陸機〈爲顧彥先贈婦詩〉》:「佳麗良可美,衰賤焉足紀。」

(3) 羅衣雙帶長,《漢樂府・行行重行行》:「相去日已遠,衣帶日已緩。」

(4) 春樓,春日之閣樓。

(5) 玉階,宮中美麗的臺階,借指朝廷。《文選・張衡〈西京賦〉》:「金戺玉階,彤庭輝輝。」階,本作「階」,依《藝文類聚》改。悲,《古詩紀》作「空」。

(6) 復,《類聚》作「對」,《古詩紀》云:「一作對。」《文苑》云:「一作對此歸飛燕。」

(7) 麴房,密室。《文選・枚乘〈七發〉》:「往來遊燕,縱恣於麴房隱間之中。」《文選・陸機・〈擬古詩〉》:「涼風繞麴房,寒蟬鳴高柳。」

(8) 差池,指不齊。《詩經・邶風・燕燕》:「燕燕于飛,差池其羽。」毛傳:「燕之於飛,必差池其羽。」鄭箋:「差池其羽,謂張舒其尾翼。」綺幕,華美的帷幕。南朝梁陶弘景《許長史舊館壇碑》:「瑤宮碧簡,絢采垂文,瓊函玉檢,綺席繡巾。」

(9) 雕梁,雕鏤文采的梁。江淹《雜曲》:「珊瑚掛鏡臨網戶,芙蓉作帳照雕梁。」

(10) 可念,本作「尙尒」,《類聚》作「尙爾」,依《古詩紀》改。

(11) 何,《類聚》、《古詩紀》作「安」,《文苑》云:「一作安。」

(12) 昏,日冥也。《說文・日部》:「昏,日冥也。」

(13) 宿昔,非一朝一夕。《論衡・感虛》:「師曠能鼓清角,其初受學之時,宿昔習弄,非直一再奏也。」容光,風采。南朝宋鮑照《秋夜詩》:「華心愛零落,非直惜容光。」

(14) 魂交,精神相交。《莊子・齊物論》:「其寐也魂交,其覺也形開。」陸德明《經典釋文》引司馬彪:「魂交,司馬云,精神交錯也。」御,旁邊。《詩經・鄭風・女曰雞鳴》:「琴瑟在御，莫不靜好。」

（15）轉側，翻身。他鄉，異鄉。《漢樂府・飲馬長城窟行》:「夢見在我傍，忽覺在他鄉。」

（16）徒然，空如此也。《後漢書・竇融傳》:「毀譽之來，皆不徒然，不可不思。」顧，《類聚》作「枕」。《文苑》云:「一作願。」

（17）蘭膏夜。蘭膏，古代用澤蘭子煉製的油脂。可以點燈。《楚辭・招魂》:「蘭膏明燭，華容備些。」王逸注:「蘭膏，以蘭香煉膏也。」蘭膏夜，指徹夜點燈。

（18）炯炯，雙目不閉的樣子。多形容有心事而徹夜不眠。《楚辭・嚴忌〈哀時命〉》:「夜炯炯而不寐兮，懷隱憂而歷茲。」王逸注:「言己中心愁怛，目爲炯炯而不能眠。」《類聚》作「烱烱」。繁霜，降霜很多。《詩經・小雅・正月》:「正月繁霜，我心憂傷。」毛傳:「繁，多也。」《文選・曹植〈洛神賦〉》:「沾繁霜而至曙。」

江津寄劉之遴詩 (1)

與子如黃鵠 (2)，將別復徘徊。經過一柱觀 (3)，出入三休臺 (4)。共摛雲氣藻，同舉霞文杯 (5)。流人每曉遊 (6)，禁門恒晚開 (7)。欲寄一言別，高駕何由來 (8)。

注釋：

（1）此篇錄自《藝文類聚》卷二十九，以《文苑英華》、《古詩紀》比勘。江津，古城名，在今湖北省江陵縣南。《晉書・安帝紀》:「義熙元年，劉毅次於馬頭，桓振挾帝，出屯江津。」劉之遴，字思貞，小字僧伽，南陽涅陽人，宋當陽令蚪子。齊永明不舉秀才，除寧朔主簿。入梁，歷太學博士、平南行參軍、尚書起部即、延陵令、荊州治中、宣惠記室、通直散騎侍郎兼中書通事舍人。遷正員郎、尚書右丞、荊州大中正、中書侍郎、鴻臚卿，出爲征西長史南郡大守。轉西中郎長史，徵秘書監，領步兵校尉，歷太府卿、都官尚書、太常卿。太清二年，避侯景之難還鄉，未至卒，年七十二。有前集十一卷，後集二十一卷。

（2）黄鵠，比喻高才賢士。《文選・屈原〈卜居〉》:「寧與黃鵠比翼乎？將與雞鶩爭食乎？」注：「良曰：『黃鵠，喻逸士也。』」

（3）一柱觀，在湖北省松滋縣東丘家湖中。南朝宋臨川王劉義慶在鎮，於羅公洲立觀，宏大而唯一柱，故名。《古詩紀・陰鏗詩》:「江陵一柱觀，潯陽千里潮。」

（4）三休臺，楚章華臺的異名。為楚王作。

（5）霞文杯，裝滿美酒的杯子。霞，流霞，美酒。

（6）流人，離開家鄉，流浪外地的人。漢桓寬《鹽鐵論・執務》:「天下安樂，盜賊不起；流人還歸，各反其田里。」《古詩紀》作「佳人」。

（7）禁門，宮門。《漢書・嚴安賈捐之傳贊》:「嚴賈出入禁門，招權利死。」

（8）高駕，對對方的敬稱。《文選・王僧達〈答顏延年詩〉》:「君子聳高駕，塵軌實為林。」

答張左西詩（1）

相思如三月（2），相望非兩宮（3）。持此連枝樹（4），暫作背飛鴻。若人惠思我，摛藻蔚雕蟲（5）。仙掌方晞露（6），靈烏正轉風（7）。方假排虛翮（8），相與北山叢（9）。

注釋：

（1）此篇錄自《藝文類聚》卷三十一，以《文苑英華》、《古詩紀》比勘。張左西，未詳。

（2）三月，三個月。《詩經・王風・采葛》:「一日不見，如三月兮。」

（3）相望，相距，相去。兩宮，皇帝和皇后。《漢書・張延壽傳》:「放取皇后弟平恩侯許嘉女，上為放供張……以兩宮使者，冠蓋不絕。」

（4）連枝樹，比喻兄弟。《文選・蘇武〈別從弟詩〉》:「況我連枝樹，與子同一身。」注：「向曰：『兄弟如木，連枝而同本。』」枝，《文苑》云：「集作理。」

（5）蔚，華美。雕蟲，指辭賦末藝。《顏氏家訓・文章》:「童子雕蟲篆刻。」

（6）仙掌，漢武帝為求仙，在建章宮神明臺上造銅仙人，舒掌捧銅盤玉杯，以承接天上的仙露，後稱承露金人為仙掌。《文選・班固〈西都賦〉》:「抗仙掌以承露。」李善注：「《漢書》曰：『孝武又作栢梁、銅柱、承露、仙人掌之屬矣。』」《文選・張衡〈西京賦〉》：「立修莖之仙掌。」晞露，沐受雨露滋潤。

（7）靈烏，烏鴉。轉風，風向轉變。

（8）排虛，凌空。晉盧諶《答魏太子悌詩》：「顧此腹背羽，愧彼排虛翮。」翮，《文苑》云：「集作翼。」

（9）叢，《類聚》作「藂」。

發建興渚示到陸二黃門詩（1）

扁舟去平樂（2），還顧極川梁（3）。猶聞棗下吹（4），尚識杏間堂（5）。洛橋分曲渚（6），官寺隱回塘（7）。客行裁跬步（8），即事已多傷（9）。況復千餘里，悲心未遽央（10）。

注釋：

（1）此篇錄自《文苑英華》卷二百八十六，以《藝文類聚》卷二十九、《古詩紀》卷八十七比勘。建興，在今湖南省，資水之上。到，到洽。陸，陸倕。黃門，黃門侍郎。

（2）扁舟，小船。《史記・貨殖列傳》：「范蠡既雪會稽之恥，乃喟然而歎曰：『計然之策七，越用其五而得意。既已施於國，吾欲用之家。』乃乘扁舟浮於江湖。」平樂，在今湖北省平東市東北。

（3）川梁，橋梁。

（4）棗下吹，古曲名。《文選・潘岳〈笙賦〉》：「詠園桃之夭夭，歌棗下之纂纂。」李善注：「魏文帝《園桃行》曰：『夭夭園桃，無子空長。虛美難假，偏輪不行。』《古咄唶歌》曰：『棗下何攢攢，榮華各有時。棗欲初赤時，人從四邊來。棗適今日賜，誰當仰視之。』」

（5）杏間堂，《太平御覽》卷一百七十六云：「《洛陽記》曰，洛陽宮有桃間堂皇、杏間堂皇、棎間堂皇、竹間堂皇、李間堂皇、魚梁堂皇、醴泉堂皇、百戲堂皇。」

（6）洛橋，指洛陽市天津橋，因在洛水上，故名。曲渚，迂迴曲折的小洲。

（7）官寺，衙門。《漢書・翼奉傳》：「城郭官寺。」回塘，曲折迂迴的池塘。回，

《類聚》作「回」。

（8）跬步，半步。《荀子・勸學》：「故不積跬步，無以致千里；不積小流，無以成江海。」

（9）即事，面對眼前食物。晉陶潛《癸卯歲始春懷古田舍》：「雖未量歲功，即事多所欣。」

（10）悲心，哀痛的情思。未遽央，未能倉猝即盡。晉陶潛《雜詩》之三：「嚴霜結野草，枯悴未遽央。」

憶虞弟詩（1）

下邑非上郡（2），徒然想二馮。余慚野王（3）德，爾勖聖鄉風（4）。望望餘塗盡（5），淒淒良宴終（6）。朝蔬一不共，夜被何由同。

注釋：

（1）本篇錄自《藝文類聚》卷二十一，以《古詩紀》比勘。

（2）下邑，國都之外的城邑。《左傳》莊公二十八年：「冬築郿。」注：「郿，魯下邑。」疏：「國都爲上，邑爲下。」

（3）野王，古地名。《左傳》宣公十七年：「晉人執晏弱於野王。」今河南省沁陽縣。

（4）聖鄉，聖人的故鄉，指孔子誕生及居住地。

（5）望望，瞻望之貌。《禮記・問喪》：「其往送也，望望然，汲汲然。」注：「望望，瞻望之貌。」

（6）淒淒，悲也。《廣雅・釋訓》：「淒淒，悲也。」《文選・謝靈運〈道路憶山中詩〉》：「淒淒明月吹，惻惻廣陵散。」

烏夜啼（1）

鵾弦且輟弄（2），鶴操暫停徽（3）。別有啼烏曲，東西相背飛（4）。倡人怨獨守，蕩子游未歸（5）。忽聞生離曲（6），長夜泣羅衣（7）。

注釋：

（1）此篇錄自《樂府詩集》卷四十七，以《玉臺新詠》卷八、《藝文類聚》卷四十二、《文苑英華》卷二百六、《古詩紀》卷八十七比勘。《玉臺新詠》作《夜聽妓賦得烏夜啼》，《類聚》作《賦得烏夜啼詩》。烏夜啼，樂府清商曲辭《西曲歌》名。《樂府詩集‧清商曲辭‧烏夜啼》題解：「《唐書‧樂志》曰：『《烏夜啼》者，宋臨川王義慶所作也。元嘉十七年，徙彭城王義康於豫章。義慶時為江州，至鎮，相見而哭。文帝聞而怪之，徵還慶大懼，伎妾夜聞烏夜啼聲，扣齋閣云：「明日應有赦。」其年更為南兗州刺史，因此作歌。故其和云：「夜夜望郎來，籠窗窗不開。」今所傳歌辭，似非義慶本旨。』」

（2）鵾弦，用鵾雞筋做的琵琶弦。以鵾雞哀鳴，來形容絲聲之哀。

（3）鶴操，表示離別的琴曲。操，琴曲。《史記‧宋微子世家》：「紂為淫泆，箕子諫，不聽……乃被髮詳狂而為奴，遂隱而鼓琴以自悲，故傳之曰《箕子操》。」裴駰集解引應劭《風俗通義》曰：「其道閉塞憂愁而作者，命其曲曰操。操者，言遇菑遭害，困厄窮迫，雖怨恨失意，猶守禮義，不懼不懾，樂道而不改其操也。」徽，琴徽，繫琴弦的繩。《漢書‧揚雄傳下》：「今夫弦者，高張急徽，追趨逐耆，則坐者不期而附矣。」顏師古注：「徽，琴徽也。」徽，《類聚》、《文苑》作「揮」，《文苑》云：「一作徽。」

（4）相背，相反，相違。《類聚》、《文苑》作「各自」。《文苑》云：「一作相背。」《樂府》云：「一作各自。」

（5）倡人，古代歌舞雜技藝人。《文選‧古詩十九首》：「蕩子行不歸，空床難獨守。」遊，《類聚》作「猶」，《文苑》、《古詩紀》作「殊」，《文苑》云：「一作遊。」

（6）忽聞，《玉臺新詠》作「若逢」。曲，《類聚》、《文苑》、《古詩紀》作「唱。」《文苑》云：「一作曲。」

（7）長，《類聚》、《文苑》作「中」，《文苑》云：「一作長。」羅衣，輕軟絲織品製成的衣服。《文選‧曹植〈美女篇〉》：「羅衣何飄飄，輕裾隨風還。」

銅雀妓（1）

雀臺三五日（2），絃吹似佳期（3）。況復西陵晚（4），松風吹繐帷（5）。危絃斷復續（6），妾心傷此時（7）。誰言留客袂（8），還掩望陵悲（9）。

注釋：

（1）本篇錄自《文苑英華》卷二百四，以《藝文類聚》卷三十四、《樂府詩集》卷三十一、《古詩紀》卷八十七比勘。《類聚》作《銅爵臺妓》。銅雀妓，樂府平調曲名。又名「銅雀臺」。《樂府詩集・相和歌辭六・銅雀臺》題解：「《鄴都故事》曰：『魏武帝遺命諸子曰：「吾死之後，葬於鄴之西崗上，與西門豹相近，無藏金玉珠寶，餘香可分諸夫人，不命祭吾。妾與伎人，皆著銅雀臺，臺上施六尺床，下繐帳，朝晡上酒脯粻糒之屬。每月朝十五，輒向帳前作伎，汝等時登臺，望吾西陵墓田。」』」

（2）雀臺，雀，《類聚》作「爵」。即銅雀臺，又名銅爵臺。漢末建安十五年冬曹操所建。鑄大孔雀置於樓頂，舒翼奮尾，勢若飛動，故名銅雀臺。三五，每月初十五。《文選・古詩十九首》：「三五明月滿，四五蟾兔缺。」《文選・曹丕〈雜詩〉》：「天漢回西流，三五正縱橫。」謝靈運《怨曉月賦》：「昨三五兮既滿。」

（3）絃，《類聚》、《樂府》作「歌」。《文苑》、《古詩紀》云：「一作歌。」佳期，佳辰，佳節。

（4）況復，何況。《類聚》、《樂府》作「定對」，《文苑》云：「一作定對。」西陵，魏武帝墓。在今河南省臨漳縣西。《彰德府志・地理志二》：「操且死，令施繐帳於上，朝晡，上酒及糗糧，使宮人歌吹帳中，望吾西陵。西陵即高平陵也，在縣西南三十里，周回一百七十步，高一丈六尺。」《文選・謝朓〈銅雀臺〉》：「鬱鬱西陵樹，詎聞歌吹聲。」

（5）松風，來自松林的風。《文選・顏延之〈拜陵廟作詩〉》：「松風遵路急，山煙冒壟生。」繐帷，即繐帳，以細疏布做成的靈帳。《文選・謝朓〈同謝諮議銅爵臺詩〉》：「繐帷飄井干，罇酒若平生。」李善注：「鄭玄《禮記注》曰：『凡布細而疏者，謂之繐，今南陽有鄧繐。』」《類聚》、《樂府》作「松風飄素帷。」

（6）復續，《類聚》、《樂府》作「更接。」《文苑》云：「一作更接。」

（7）《類聚》、《樂府》作「心傷於此時」。妾心傷，《文苑》云：「一作傷心於。」

（8）誰，《類聚》、《樂府》作「何」《古詩紀》云：「一作何」。

（9）還，《類聚》、《樂府》作「翻」。《文苑》、《古詩紀》云：「一作翻。」

班婕妤怨（1）

應門寂已閉（2），非復後庭時（3）。況在青春日（4），萋萋綠草滋（5）。妾身似秋扇（6），君恩絕履綦（7）。詎憶遊輕輦（8），從今賤妾群（9）。

注釋：

（1）此篇錄自《樂府詩集》卷四十三，以《文苑英華》卷二百四、《藝文類聚》卷三十、《古詩紀》卷八十七比勘。《樂府詩集・相和歌辭・楚調曲》云：「一曰婕妤怨。漢書曰：『孝成班婕妤，初入宮爲少使，俄而大幸，爲婕妤，居增成舍。自鴻嘉後，帝稍隆內寵，婕妤進侍者李平平得幸，爲婕妤賜姓衛，所謂衛婕妤也。其後趙飛燕姊弟亦從微賤興，班婕妤失寵，稀復進見。趙氏姊弟驕妬，婕妤恐久見危，求供養太后長信宮，帝許焉。』樂府解題曰：婕妤怨者，爲漢成帝班婕妤作也，婕妤，徐令彪之姑況之女，美而能文，初爲帝所寵愛，後幸趙飛燕姊弟，冠於後宮，婕妤自知見薄，乃退居東宮，作賦及紈扇詩以自傷悼，後人傷之，而爲婕妤怨也。」

（2）應門，古代宮廷的正門。天子五門的第四門。《尚書・康王之誥》：「王出，在應門之內，太保率西方諸侯入應門左，畢公率東方諸侯入應門右，皆布乘黃朱。」《詩經・大雅・緜》：「迺立應門，應門將將。」傳：「王之正門曰應門。」《文選・劉楨〈贈五官中郎將詩〉》：「應門重其關。」

（3）後庭，後宮。《戰國策・秦策・濮陽人呂不韋賈於邯鄲》：「君之駿馬盈外廄，美女充後庭。」《漢書・王商傳》：「後庭之事皆受命皇太后。」

（4）青春，春天。《楚辭・大招》：「青春受謝，白日照只。」《文選・謝靈運〈遊南亭詩〉》：「未厭青春好，已覩朱明移。」

（5）萋萋，草木茂盛的樣子。《廣雅・釋訓》：「萋萋，茂也。」《詩經・周南・葛覃》：「葛之覃兮，施于中谷，維葉萋萋。」傳：「萋萋，茂盛貌。」滋，草木生長。《玉篇・水部》：「滋，長也。」《廣韻・之韻》：「滋，蕃也。」

（6）秋扇，秋涼則扇無用，比喻婦人色衰見棄。《文選・班婕妤〈怨歌行〉》：「新裂齊紈素，皎潔如霜雪。裁爲合歡扇，團員似明月。出入君懷袖，動搖微風發。常恐秋節至，涼風奪炎熱。棄捐篋笥中，恩情中道絕。」

（7）履綦，足跡，蹤影。《漢書・外戚傳・孝成班婕妤》：「俯視兮丹墀，思君兮履綦。」

（8）詎，曾。《文苑》作「誰」，云：「一作詎。」《文選・潘岳〈悼亡詩〉》：「爾祭詎幾時，朔望忽復盡。」《文選・陸機〈歎逝賦〉》：「彌年時其詎幾。」輕輦，輕車。《文選・曹植〈公讌詩〉》：「神飆接丹轂，輕輦隨風移。」

（9）從今，《文苑》作「徒令」，云：「一作從今。」《古詩紀》云：「一作徒令。」群，《古詩紀》作「辭」。

三婦豔（1）

大婦縫羅裙（2），中婦料繡文（3）。唯餘最小婦，窈窕舞昭君（4）。丈人慎勿去（5），聽我駐浮雲（6）。

注釋：

（1）此篇錄自《樂府詩集》卷二十五，以《古詩紀》卷八十七比勘。三婦豔，樂府相和歌辭篇名。《樂府詩集・平調曲》云：「歌弦六部張永錄曰：未歌之前有八部弦四器，俱作在高下游弄之後。凡三調歌弦一部竟輒作送歌弦。今用器又有大歌弦，一曲歌大婦織綺羅不在歌數唯。平調有之即清調相逢狹路間，道隘不容車篇。後章有大婦織綺羅，中婦織流黃是也。張錄云非管絃音聲所寄，似是命笛理弦之餘，王錄所無也亦謂之三婦豔詩。」

（2）羅裙，絲羅製的裙子，泛指婦女衣裙。《文選・江淹〈別賦〉》：「攀桃李兮不忍別，送愛子兮沾羅裙。」

（3）繡文，彩色繡花的絲織品或衣服。《史記・貨殖列傳》：「夫用貧求富，農不如工，工不如商，刺繡文不如倚市門。」

（4）窈窕，美好的樣子。《詩經・周南・關雎》：「窈窕淑女，君子好逑。」

（5）丈人，丈夫。南朝梁王筠《三婦豔》：「大婦留芳褥，中婦對華燭。小婦獨無事，當軒理清曲。丈人且安臥，豔歌方斷續。」

（6）駐浮雲，使雲停留不行，形容歌聲響亮，音樂美妙。

侍宴詩（其一）(1)

清宴延多士(2)，鴻漸濫微薄(3)。臨炎出蕙樓(4)，望辰躋菌閣(5)。上征切雲漢(6)，俛眺周京洛(7)。城寺鬱參差(8)，街衢紛漠漠(9)。禁林寒日晚(10)，方秋未搖落(11)。皇心重發志(12)，賦詩追並作。自昔承天寵(13)，於茲被人爵(14)。選言非綺綃(15)，何以儷金雘(16)。

注釋：

（1）此篇錄自《文苑英華》卷一百六十九，以《藝文類聚》卷三十九、《古詩紀》卷八十七比勘。《詩紀》云：「外編作任昉者，非。」

（2）清宴，清雅的宴集。《初學記》卷十四引晉成公綏《延賓賦》：「延賓命客，集我友生。」

（3）鴻漸，比喻仕進於朝的賢人。《周易・漸》：「鴻漸於干。」孔穎達疏：「鴻，水鳥也。干，水涯也。漸，進之道，自下升高，故取譬鴻飛自下而上也。初之始進，未得祿位，上無應援，體又窮下，若鴻之進於河之干，不得安寧也。故曰鴻漸於干也。」《後漢書・蔡邕傳》：「君臣穆穆，守之以平，濟濟多士，端委縉綖，鴻漸盈階，振鷺充庭。」李賢注：「鴻，水鳥也。漸出於陸，喻君子仕進於朝。」漸，本作「私」，依《類聚》改。濫，言才不勝任，作謙詞。《左傳》昭公二十六年：「士不濫，官不滔，大夫不收公利。」杜預注：「不濫，不失職。」微薄，微賤。南朝梁沈約《去東陽與吏民別詩》：「微薄叨今幸，忝荷非昔期。」

（4）炎，太陽。《文選・何晏〈景福殿賦〉：「開建陽則朱炎豔，啓金光則清風臻。」李善注：「《白虎通》曰：『炎者，太陽。』」《類聚》作「焱」。蕙樓，樓房的美稱。《楚辭・九懷・匡機》：「菌閣兮蕙樓，觀道兮從橫。」

（5）辰，星。躋，登升，達到。《說文・足部》：「躋，登也。」《爾雅・釋詁》：「躋，升也。」《方言》卷一：「躋，登也，東齊海岱之間，謂之躋。」《周易・震》：「躋於九陵。」孔穎達疏：「躋，升也。」菌閣，形如菌狀的樓閣。《楚辭・九懷・匡機》：「菌閣兮蕙樓，觀道兮縱橫。」

（6）征，正行。《說文・辵部》：「延，正行也。從辵，正聲。征，延或從彳。」段玉裁注：「《釋言》，毛傳皆曰：『征，行也。』許分別之，徵爲正行；返爲遠行。」切，靠近。《荀子・勸學》：「禮樂法而不說，詩書故而不切。」楊悰注：「不委曲切近於人。」雲漢，雲霄。《詩・大雅・棫樸》：「倬彼雲漢，爲章于天。」毛傳：「雲漢，天河也。」《後漢書・張衡傳》：「浮雲漢之湯湯。」三國魏曹操《善哉行》：「比翼翔雲漢，羅者安所羈？」

（7）俛，低頭。《說文・頁部》：「俯，低頭也。從頁，逃省。太史卜書俯仰字如此。揚雄曰，人面俯。俛，俯或從人，免。」《類聚》作「晚」。京洛，亦作「京雒」，洛陽的別稱。因東周東漢均建都於此，故名。《文選・班固〈東都賦〉》：「子徒習秦阿房之造天，而不知京洛之有制也。」

（8）城寺，官舍。《後漢書・順帝紀》：「自去年九月已來，地百八十震，山谷坼裂，壞敗城寺，殺害民庶。」參差，不齊的樣子。《詩經・周南・關雎》：「參差荇菜，左右流之。」

（9）街衢，通衢大道。《文選・班固〈西都賦〉》：「內則街衢洞達，閭閻且千。」李善注：「《說文》曰：『街，四通也。音佳。』《爾雅》曰：『四達謂之衢。』」漠漠，布列的樣子。《楚辭・九思・疾世》：「時咄咄兮旦旦，塵莫莫兮未晞。」注：「莫莫，合也；……莫，一作漠。」《文選・陸機〈君子有所思行〉》：「廛里一何盛，街巷紛漠漠。」注：「向曰：『漠漠，布列皃。』」

（10）禁林，禁苑的林木。《文選・班固〈西京賦〉》：「集禁林而屯聚。」日，《類聚》、《古詩紀》作「氣」。

（11）方，正在。《詩・墉風・定之方中》：「定之方中，作于楚宮。」朱熹集傳：「此星昏而正中，夏正十月也。」搖落，凋殘，零落。《楚辭・九辯》：「悲哉秋之爲氣也！蕭瑟兮草木搖落而變衰。」

（12）發志，立志。《周易・豐》：「有孚發若，信以發志也。」孔穎達疏：「信以發志者，雖處幽闇而不爲邪，是有信以發其豐大之志，故得吉也。」

（13）天寵，上天的恩寵。《周易・師》：「在師中吉，承天寵也。」

（14）人爵，爵祿，指人所授予的爵位。《孟子・告子上》：「孟子曰：『有天爵者，有人爵者，仁義忠信，樂善不倦，此天爵也。公卿大夫，此人爵也。』」趙岐注：「天爵以德，人爵以祿。」

（15）選言，措辭。《文選・左思〈魏都賦〉》：「雖選言以簡章，徒九復而遺旨。」

（16）儷，相比。《楚辭・九辯》：「四時遞來而卒歲兮，陰陽不可與儷偕。」《淮南子・精神訓》：「鳳凰不能與之儷，而況斥鷃乎？」本作「儼」，依《古詩紀》改。《類聚》作「儼」。金臒，本義指鏤金，塗青，後引申爲雕飾。《文選・江淹〈雜體詩・贈友〉》:「眷我二三子，辭義麗金雘。」注:「向曰:『金雘，雕飾也。言此子皆以辭義自相雕飾而為美麗。』」

侍宴詩（其二）(1)

茲堂乃峭嶠 (2)，伏檻臨曲池 (3)。樹中望流水，竹裏見攢枝 (4)。欄高景難蔽，岫隱雲易垂 (5)。邂逅逢休幸 (6)，朱蹕曳青規 (7)。丘山不可答 (8)，葵藿空自知 (9)。

注釋：

（1）此篇錄自《文苑英華》一百六十九，以《藝文類聚》、《古詩紀》比勘。

（2）茲，《類聚》作（艸茲，上下結構）峭：陡直，高峻，《楚辭・九章・悲回風》:「上高岩之峭岸兮，處雌蜺之標顛。」嶠：高也。

（3）伏檻臨曲池：曲池，曲折回繞的水池。《楚辭・招魂》:「坐堂伏檻，臨曲池些。」王逸注:「言坐於堂上，前伏檻楯，下臨曲水清池，可漁釣也。」

（4）攢枝：叢生的枝條。

（5）岫：峰巒。《文選・陶潛〈歸去來兮辭〉》:「雲無心以出岫，鳥倦飛而知還。」

（6）邂逅：不期而遇。《詩經・鄭風・野有蔓草》:「有美一人，清揚婉兮，邂逅相遇，適我願兮。」毛傳:「邂逅，不期而會。」休：美善，福祿。《詩經・小雅・菁菁者莪》:「既見君子，我心則休。」鄭玄箋:「休者，休休然。」王引之《經義述聞・毛詩上》:「我心則休。」休亦喜也，語之轉耳。《箋》曰:『休者，休休然。』休休猶欣欣，亦語之轉也。」

（7）蹕：指帝王的車駕或行幸之處。青規：指宮廷禁地或御前所鋪蒲草之席，是進諫奏事的場所。

（8）丘山：比喻重，大或多，這裡比喻梁武帝。《漢書・王莽傳上》:「及至青戎摽末之功，一言之勞，然猶皆蒙丘山之賞。」丘，《古詩紀》作「邱」。

（9）葵藿：即葵。比喻上對下的赤心趨向。《三國志・魏志・陳思王植傳》:「若葵藿之傾葉，太陽雖不為之回光，然向之者誠也。竊自比於葵藿，若降天地之施，垂之光之明者，實在陛下。」

三日侍安成王曲水宴詩（1）

匯澤良孔殷（2），分區屏中縣（3）。跨躡兼流采（4），襟喉邇封甸（5）。吾王奄酆畢（6），析珪承羽傳（7）。不資魯俗移（8），何待齊風變（9）。東山富遊士（10），北土無遺彥（11）。一言白璧輕，片善黃金賤（12）。餘辰屬元巳（13），清祓追前讌（14）。持此陽瀨遊（15），須展城隅宴（16）。芳洲亙千里（17），遠近光風扇（18）。方歡厚德重（19），誰言薄遊倦（20）。

注釋：

（1）此篇錄自《初學記》卷四，以《藝文類聚》卷四、《古今歲時雜詠》卷十六、《古詩紀》卷八十七比勘。安成王，即南朝梁蕭秀。《梁書・安成王秀傳》：「安成康王秀，字彥達，太祖第七子也。……天監元年，進號征虜將軍，封安成郡王，邑二千戶。」

（2）匯澤，《尚書・禹貢》：「東匯澤爲彭蠡。」孔安國傳：「匯，回也。水東回爲彭蠡。」良，美好。孔殷，眾多，繁多。《尚書・禹貢》：「江漢朝宗于海，九江孔殷。」

（3）分區，劃分區域。《文選・謝朓〈和王著作融八公山〉》：「茲嶺復巑岏，分區奠淮服。東限琅邪臺，西距孟諸陸。」屏，邊邑。《禮記・玉藻》：「其在邊邑，曰某屏之臣某。」疏：「謂在九州島之外，邊鄙之邑。」

（4）跨躡，兼併其地。《三國志・吳書・呂岱傳》：「不由跨躡。」《文選・左思〈吳都賦〉》：「故其經略，上當星紀，拓土畫疆，卓犖兼併，包括幹越，跨躡蠻荊。」《類聚》、《古詩紀》作「躡跨」。流采，三國魏文帝的劍名。《太平御覽》卷三四六引曹丕《典論》：「其三劍一曰飛景，長四尺二寸；二曰流采，長四尺二寸。」

（5）襟喉，衣領和咽喉，比喻要害之地。《類聚》作「衿唯」。邇，《說文・辵部》：「邇，近也。」《爾雅・釋詁》：「邇，近也。」封甸，都城郊外。

（6）吾王，《歲時雜詠》作「吾三」。奄，佔領，擁有。《說文・大部》：「奄，大有餘也。」《廣韻・琰韻》：「奄，取也。」《詩・周頌・執競》：「自彼成康，奄有四方。」毛傳：「奄，同也。」《詩・魯頌・閟宮》：「奄有下國，俾民稼穡。」鄭玄箋：「奄，猶覆也。」酆，今陝西省戶縣北。

（7）析珪，亦作「析圭」，古代帝王按爵位高低分頒玉圭。《漢書・司馬相如傳下》：

「故有剖符之封，析圭而爵。」顏師古注引如淳曰：「析，中分也。白藏天子，青在諸侯。」王先謙補注：「《周禮・大宗伯》：『以玉作六瑞，以等邦國：王執鎮圭，公執桓圭，侯執信圭，伯執躬圭。』析圭而爵，言分圭而爵之也。此蓋古語。析，即分頒之義，非中分爲二；疑如說誤。」析，《類聚》作「折」。「珪」，《類聚》》作「圭」。承，《歲時雜詠》作「成」。羽，旌旗。《國語・晉語一》：「（郤叔虎）被羽先升，遂克之。」

（8）資，憑藉，依靠。《淮南子・主術訓》：「夫七尺之橈而制船之左右者，以水爲資。」

（9）待，本作「得」，依《類聚》改。《歲時雜詠》作「得」。

（10）東山，指代魯地。《孟子・盡心上》：「孔子登東山而小魯。」朱熹集注：「東山，蓋魯城東之高山。」遊士，古代從事游說活動的人。《國語・齊語》：「爲遊士八十人，奉之以車馬衣裘，多其資幣，使周遊於四方，以號召天下之賢士。」

（11）北土，泛指北部地區。《左傳》昭公九年：「肅愼、燕、亳，吾北土也。」遺彥，指未發現或未任用的才德之士。《宋書・順帝紀》：「朕將親覽，甄其茂異。庶野無遺彥，永激遐芬。」

（12）一言白璧輕，片善黃金賤。片善，微小的優點。《文選・鮑照〈代放歌行〉》：「一言分珪爵，片善辭草萊。」

（13）元巳，陰曆三月三日，舊俗於此日臨水祓除不祥。《文選・張衡〈南都賦〉》：「暮春之禊，元巳之辰，方軌齊軫，祓於陽瀕。」《文選・沈約〈三月三日率爾成篇〉詩》：「麗日屬元巳，年芳具在斯。」注：「銑曰：『元巳，上巳也。』」《類聚》、《古詩紀》作「上」。《古詩紀》云：「一作元。」

（14）清祓，《歲時雜詠》作「消愁」。諺，傳言。《說文・言部》：「諺，傳言也。」

（15）陽瀨，古代祓禊之處。本作「頻豫」，依《類聚》改。「持此陽瀨」，《歲時雜詠》作「侍此頻豫」。

（16）須，《類聚》、《古詩紀》作「復」。

（17）芳洲，芳草叢生的小洲。《楚辭・九歌・湘君》：「采芳洲兮杜若，將以遺兮下女。」王逸注：「芳洲，芳草聚生水中之處。」「洲」，《歲時雜詠》作「州」。亙，綿延。《文選・左思〈蜀都賦〉》：「經途所亙，五千餘里。」注：「向曰：『亙，長也。』」

（18）光風，雨止日出時的和風。《楚辭·招魂》：「光風轉蕙，氾崇蘭些。」王逸注：「光風，謂雨已日出而風，草木有光也。」《類聚》、《古詩紀》作「風光」。

（19）厚德，深厚的恩德。《漢書·淮南厲王傳》：「夫大王以千里爲宅居，以萬民爲臣妾，此高皇帝之厚德也。」

（20）薄遊，漫遊，隨意遊覽。

三日侍華光殿曲水宴詩（1）

薰祓三陽暮（2），濯禊元巳初（3）。皇心睠樂飲（4），帳殿臨春渠（5）。豫遊高夏諺（6），凱樂盛周居（7）。復以焚林日（8），豐茸花樹舒（9）。羽觴環階轉（10），清瀾傍席疏。妍歌已嘹亮，妙舞復紆餘（11）。九成變絲竹（12），百戲起龍魚（13）。

注釋：

（1）此篇錄自《文苑英華》卷七十二，以《藝文類聚》、《初學記》、《古今歲時雜詠》、《古詩紀》比勘。華光殿：洛陽宮殿名，在崇光殿北。《後漢書·楊賜傳》：「侍講於華光殿中。」曲水宴：古代風俗，於農曆三月三日就水濱宴飲，認爲可以祓除不祥，後人因引水環曲成渠，流觴取引，相與爲樂，稱爲曲水。晉王羲之《蘭亭集序》：「又有清流激湍，映帶左右，引以爲流觴曲水，列坐其次。」

（2）薰：溫暖，和煦。《初學記》作「董」。漢董仲舒《春秋繁露·暖燠孰多》：「天之道，出陽爲暖以生之，出陽爲清以成之。是故非黃也，不能有育；非漂也，不能有熟。」祓：古代爲除災去邪而舉行的祭禮。《左傳·僖公六年》：「昔武王克殷，微字啓如是，武王親釋其縛，受其璧而祓之。」杜預注：「祓，除凶之禮。」三陽：春天。《藝文類聚》卷八引南朝宋孔皐《會稽記》：「餘姚縣南百里，有太平山……三陽之辰，華卉代發。」

（3）濯禊：古代風俗。農曆三月三日在水邊洗濯，以祓除疾病等不祥之事。元巳：即上巳。《文選·張衡〈南都賦〉》：「暮春之禊，元巳之辰，方軌齊軫，祓於陽瀕。禊，《文苑》云：「《雜詠》作伎。」

（4）睠：同「眷」，恩遇，恩寵。《玉篇》：「睠，同眷。」樂飲：暢飲。《史記 8・高祖本紀》：「沛父兄諸母故人日樂飲極驩，道舊故爲笑樂。」

（5）帳殿：古代帝王出行、休息時以幕爲行宮，稱作帳殿。北周庾信《三月三日華林園馬射賦序》：「止立行宮，裁舒帳殿。」倪璠注：「帳殿，天子行幸所在以帳爲殿也。」

（6）豫遊高夏諺。豫遊，即逸遊。王維《奉和聖製與太子諸王三月三日龍池春禊應制詩》：「故事修春禊，新宮展豫遊。」夏諺：相傳流行於夏代的諺語。《孟子・梁惠王下》：「夏諺曰：『吾王不遊，吾何以休？吾王不豫，吾何以助？一遊一豫，爲諸侯度。』」

（7）凱樂：和樂。魏嵇康《聲無哀樂論》：「故凱樂之情，見於金石；含弘廣大，顯於聲音也。」周居，周代的繁榮昌平。

（8）焚，《類聚》作「禁。」《文苑》云：「類聚作禁。」焚林：《春秋左傳注疏》：「晉侯賞從亡者，介之推不言祿，祿亦弗及。」介之推言：「天未絕晉，必將有主，二三子以爲己力，不亦誣乎！」遂與其母偕隱綿山（在今山西省介休縣，又稱介山）。晉文公得知後親往求之，之推避而不見。文公火焚綿山，介之推守志不移，終不下山，母子雙雙抱木而死。見《左傳》僖公二十四年。

（9）豐茸：花木繁密茂盛。宋宋祁《右史院蒲桃賦》：「豐茸大德之谷，棲息無機之禽。」

（10）羽觴環階轉：羽觴，古代一種酒器。《楚辭・招魂》：「瑤漿蜜勺，實羽觴些。」王逸注：「羽，翠羽也；觴，觚也。」將盛滿酒的羽觴，浮在水上，隨波傳送，是古代曲水宴的風俗。

（11）妍歌已嘹亮，妙舞復紆徐。嘹，《初學記》、《古今歲時雜詠》作「寥」。妍歌：靡麗之音。《文選・顏延之〈三月三日曲水詩序〉》：「妍歌妙舞之容，銜組樹羽之器。」李善注：「《古妍歌篇》曰：『妍歌展妙聲，發曲吐令辭。』」寥亮：聲清澈也。《文選・向秀〈思舊賦序〉》：「鄰人有吹笛者，發聲寥亮。」陶潛《閒情賦》：「終寥亮以臧催。」嘹亮，聲遠聞也。《廣韻》：「嘹亮，聞遠聲。」妙舞：美妙之舞。《後漢書・文苑傳下・邊讓》：「繁乎超於《北里》，妙舞麗於《陽阿》。」紆餘：屈曲貌。《文選・司馬相如〈上林賦〉》：「酆、鎬、潦、潏，紆餘委蛇，經營乎其內。」注：「良曰：『紆餘逶迤，屈曲皃。』」

（12）九成：猶九闋。樂曲終止爲成。《尚書・益稷》：「簫韶九成，鳳皇來儀。」孔穎達疏：「鄭云成猶終也，每曲一終，必變更奏。故《經》言九成，《傳》言九奏，《周禮》謂之九變，其實一也。」

（13）百戲起龍魚。百戲：古代樂舞雜技的總稱。《後漢書・安帝紀》：「乙酉，罷魚龍蔓延百戲。」百戲起龍魚，即古代百戲雜耍節目中能變爲龍和魚的蛤蜊模型。

詠日應令詩（1）

弭節馳陽谷（2），照檻出扶桑（3）。園葵一何幸（4），傾葉奉離光（5）。

注釋：

（1）此篇錄自《初學記》卷一，以《藝文類聚》卷一、《文苑英華》卷一百五十一、《古詩紀》卷八十七、《海錄碎事》卷一比勘。《海錄碎事》引光一韻。

（2）弭節，駕車。《文選・張衡〈東京賦〉》：「大丙弭節，風後陪乘。」注：「綜曰：『高誘曰：「二人，太乙之御也。」』」暘谷，古時稱日出的地方。《尚書・堯典》：「分命羲仲，宅嵎夷曰暘谷。」孔安國傳：「暘，明也。日出於谷而天下明，故稱暘谷。」暘，《類聚》作「湯」。

（3）檻，《類聚》作「曜」。扶桑，代指太陽。《楚辭・九歌・東君》：「暾將出兮東方，照吾檻兮扶桑。」王逸注：「日出，下浴於湯谷，上拂其扶桑，爰始而登，照耀四方。」陶潛《閒情賦》：「悲扶桑之舒光，奄滅景而藏明。」

（4）一，《古詩紀》作「亦」。

（5）離光，陽光。《周易・說卦》：「離，爲火，爲日。」

春日從駕新亭應制詩（1）

旭日輿輪動（2），言追河曲遊（3）。紆徐出紫陌（4），迤邐度青樓（5）。前驅掩蘭徑（6），後乘歷芳洲（7）。春色江中滿，日華巖上留（8）。江風傳葆吹（9），巖華映采斿（10）。臨渦起睿作（11），駟馬暫停輈（12）。侍從榮前阮（13），雍容慚昔劉（14）。空然等彈翰（15），非徒嗟未遒（16）。

注釋：

（1）此篇錄自《古詩紀》卷八十七，以《文苑英華》比勘。新亭，三國吳建，名臨滄觀，在江蘇省江寧縣南。晉安帝隆安中丹陽尹司馬恢之重建，名新亭。新亭，《太平寰宇記（四庫）》：「臨滄觀，在勞山，山上有亭七間，名曰新亭。」

（2）旭日，初升的太陽。《詩經・邶風・匏有苦葉》：「雝雝鳴雁，旭日始旦。」輪，《文苑》作「論」。

（3）河曲，河流迂曲的地方。《列子・黃帝》：「因復指河曲之淫隈曰：『彼中有寶珠，泳可得也。』」《文選・謝靈運〈擬魏太子鄴中集詩〉》：「南皮戲清沚，今復河曲遊。」

（4）紆徐，從容寬舒貌。《文選・司馬相如〈子虛賦〉》：「襞積褰縐，紆徐委曲。」紫陌，京師郊野的道路。《古文苑・王粲〈羽獵賦〉》：「濟漳浦而橫陣，倚紫陌而並徵。」《古詩紀》作「紆餘」。

（5）迤邐，緩行貌。《爾雅・釋訓》：「迤邐，旁行也。」青樓，青色高樓。《南史・齊廢帝東昏侯紀》：「武帝興光樓上施青漆，世人謂之青樓。」

（6）前驅，前導。《詩經・衛風・伯兮》：「伯也執殳，爲王前驅。」蘭徑，植有蘭花的小徑。《文選・江淹〈雜體詩〉》：「蘭徑少行跡，玉臺生網絲。」

（7）芳洲，芳草叢生的小洲。《楚辭・九歌・湘君》：「采芳洲兮杜若。」王逸注：「芳洲，香草（艸聚，上下結構）生水中之處。洪興祖《補注》：「（艸聚，上下結構），音叢。」《文選・張協〈七命〉》：「臨芳洲兮拔靈芝。」

（8）日華，太陽的光華。《文選・謝朓〈和徐都曹〉》：「日華川上動，風光草際浮。」日，《文苑》云：「一作雪。」

（9）葆，古代鳥羽裝飾的一種儀杖。《禮記・雜記下》：「匠人執羽葆御柩。」孔穎達疏：「羽葆者，以鳥羽注於柄頭，如蓋，謂之羽葆，葆謂蓋也。」

（10）斿，古代旌旗下垂的飄帶等飾物。《周禮・春官》：「建大常，十有二斿。」鄭玄注：「大常，九旗之畫，日月者，正幅爲縿，斿則屬焉。」

（11）睿，古時臣下對君王所用的敬詞。《玉篇》：「睿，聖也。」《尚書・洪範》：「睿作聖。」

（12）駟馬，駕一車的四馬。《老子》：「故立天子、置三公，雖有拱璧以先駟馬，不如坐進此道。」輈，車。《楚辭・九歌・東君》：「駕龍輈兮乘雷，載雲旗兮委蛇。」

（13）阮，阮瑀。建安七子之一。少受學於蔡邕，後事曹操，爲司空軍謀祭酒，管記室。《文苑》作「院」。

（14）慚，《文苑》作「暫」。劉，劉禎。建安七子之一。《文選・吳季重〈答魏太子箋〉》：「陳徐劉應，才學所著，誠如來命，惜其不遂，可爲痛切。凡此數字，於雍容侍從，實其人也。」李善注：「兩都賦序曰：雍容揄揚。漢書曰：嚴助侍燕從容。」

（15）彈翰，揮毫，振筆。彈，《文苑》云：「一作殫。」

（16）徒，同類。遒，聚集。《詩經・商頌・長發》：「不競不絿，不剛不柔。敷政優優，百祿是遒。」毛傳：「遒，聚也。」

侍宴集賢堂應令詩（1）

北閣時既啓（2），西園又已闢（3）。官屬引鴻鷺（4），朝行命金璧（5）。伊臣獨何取（6），隆恩徒自昔。布武登玉墀（7），委坐陪瑤席（8）。綢繆參宴笑（9），淹留奉觴醳（10）。壺人告漏晚（11），煙霞起將夕（12）。反景入池林，餘光映泉石。

注釋：

（1）此篇錄自《文苑英華》卷七十九，以《藝文類聚》、《古詩紀》比勘。應令，魏晉以來應皇太子之命面和的詩文。

（2）閣，《類聚》作「合」。既，《類聚》作「見」。北閣，漢代宮殿名。《後漢書・皇后紀第十上》：「時，新平主家御者失火，延及北閣後殿。」

（3）西園，漢代上林苑的別名。《後漢書・馬融傳》：「遂棲鳳凰於高梧，宿麒麟於西園。《文選・張衡〈東京賦〉》：「歲惟仲冬，大閱西園，虞人掌焉，先期戒事。」注：「綜曰：『西園，上林苑也。』」《文選・曹植〈公讌詩〉》：「清夜遊西園，飛蓋相追隨。」

（4）官屬，主要官員的屬吏。《周禮・天官・大宰》：「以八法治官府，一曰官屬，以舉邦治。」鄭玄注：「官屬，謂六官，其屬各六十。」鴻鷺，鴻雁鷺鷥飛行有序，因此比喻朝官的班列。

（5）朝行，朝列。唐韓愈《盧郎中雲夫寄示送盤古子詩兩章歌以和之》：「又知李侯竟不顧，方冬獨入崔嵬藏。我今進退幾時決，十年蠹蠹隨朝行。」金璧，黃金和璧玉。《韓非子・外儲說左下》：「鉅者，齊之居士；孱者，魏之居士。齊、魏之君不明，不能親照境內而聽左右之言，故二子費金璧而求入仕也。」璧，泛指美玉。《莊子・山木》：「子獨不聞假人之亡與？林回棄千金之璧，負赤子而趨。」《古詩紀》作「碧」。

（6）伊臣，代自己。溫子升《從駕幸金墉城詩》：「伊臣從下列，逢恩信多幸。」

（7）布武，足跡分散不重疊，只疾走。《禮記・曲禮上》：「堂上接武，堂下布武。」鄭玄注：「布武，謂每移足各自成跡，不相躡。」玉墀，宮殿前的石階，借指朝廷。《文選・顏延之〈宋文皇帝元皇后哀策文〉》：「灑零玉墀，雨泗丹掖。」

（8）委，跟隨。瑤席，珍美的酒宴。《文選・謝靈運〈石門新營所住四面高山回溪茂林修竹〉》：「芳塵凝瑤席，清醑滿金罇。」（《四部叢刊》《謝宣城詩集》）謝朓《七夕賦》：「臨瑤席而宴語，綿含睇而娥揚。」

（9）綢繆，情意殷勤。《文選・吳質〈答東阿王書〉》：「奉所惠貺，發函伸紙，是何文采之巨麗，而慰喻之綢繆乎！」注：「濟曰：『綢繆，謂殷勤之意也。』」宴笑，宴飲歡笑。三國魏曹植《酒賦》：「獻酬交錯，宴咲無方。」

（10）淹留，相聚。唐趙嘏《自遣》：「文客轉諳時態薄，多情只供酒淹留。」觴醳，酒。《文選・顏延之〈三月三日曲水詩序〉》：「肴蔌芬藉，觴醳泛浮。」注：「良曰：『觴醳，酒也。』」

（11）壺人，管理刻漏掌報時的人。《文選・任昉〈齊竟陵文宣王行狀〉》：「清猨與壺人爭旦，緹幕與素瀨交輝。」漏，更次，時刻。

（12）煙霞，雲霞。謝朓《擬宋玉〈風賦〉》：「煙霞潤色，荃荑結芳。」

應令詩（1）

鮮雲積上月（2），凍雨晦初陽（3）。迴風飄淑氣（4），落景煥新光（5）。竹萌始防露（6），桂挺已含芳（7）。瑤庭變杜若（8），玉沼發攢蔣（9）。聖襟惜歧路（10），曲宴闢蘭堂（11）。

注釋：

（1）此篇錄自《藝文類聚》卷二十九，以《文苑英華》、《古詩紀》比勘。《文苑英華》作《餞張惠紹應令》。

（2）鮮雲，亦作「鱻雲」。輕雲。《文選・陸機〈悲哉行〉》：「和風飛清響，鮮雲垂薄陰。」上月，上弦月。

（3）凍雨，冷雨，寒雨。梁簡文帝《元圃納涼詩》：「飛流如凍雨。」晦，掩蔽。《易・明夷》：「利艱貞，晦其明也，內難而能正其志，箕子以之。」高亨注：「『利堅貞』者，因其卦象是日如地中，隱晦其光明也。正如賢人『內難而能正其志』，即在朝內處於艱難之境，然能正其心，亦終有利矣。」初陽，朝陽，晨暉。溫庭筠《正見寺曉別生公詩》：「初陽到古寺，宿鳥起寒林。」

（4）回風，旋風。《文選・古詩十九首》：「回風動地起，秋草萋已綠。」飄，《文苑》作「翻」，云：「《類聚》作揚，集作飄。」淑氣，溫和之氣。《文選・陸機〈悲哉行〉》：「蕙草饒淑氣，時鳥多好音。」

（5）落景，夕陽。《文選・江淹〈雜體詩・遊覽〉》：「眷然惜良辰，徘徊踐落景。」煥，本作「換」，依《文苑》改。《文苑》云：「集本類聚並作煥。」新光，新鮮的光彩。

（6）竹萌，筍的別稱。《爾雅・釋草》：「筍，竹萌。」刑昺疏：「凡草木初生謂之蔭，簡則竹之初生者。」防露，防，遮蔽，掩蓋。《楚辭・東方朔〈七諫・初放〉》：「上葳（舯麥玉）而防露兮，下泠泠而來風。」王逸注：「防，蔽也。」

（7）桂挺，新生的桂樹。挺，《呂氏春秋・仲冬紀》：「荔挺出。」王利器注：「挺，生出也。」《後漢書・楊賜傳》：「華嶽所挺，九德純備。」李賢注：「挺，生也。」挺，《文苑》作「擿。」

（8）瑤庭，傳說中仙界的庭院。南朝宋謝莊《七夕詠牛女》：「珠殿釭未沫，瑤階路已深。」庭，《文苑》、《古詩紀》作「階」。杜若，香草名。《楚辭・九歌・湘君》：「采芳洲兮杜若，將以遺兮下女。」

（9）玉沼，清澈的水塘。明何景明《明月篇》：「濯濯芙蓉生玉沼，娟娟楊柳覆金堤。」蔣，草名，菰。《集韻》：「蔣，草名，《說文》，菰，蔣也。」

（10）聖襟，代指太子。襟，《文苑》云：「集作衿。」惜，捨不得。

（11）曲宴，別於正式宴會而言。《文選・曹植〈贈丁翼詩〉》：「吾與二三子，曲宴此城隅。」蘭堂，廳堂的美稱。《文選・張衡〈南都賦〉》：「揖讓而升，宴於蘭堂。」注：「濟曰：『蘭者，取其芬芳也。』」

侍宴餞張惠紹應詔詩（1）

滄池誠自廣（2），蓬山一何峻（3）。麗景花上鮮（4），油雲葉裏潤（5）。風度餘芳滿（6），鳥集新條振。餞言班俊造（7），光私奬輶吝（8）。徒然謬反隅（9），何以窺重仞（10）。

注釋：

（1）本篇錄自《藝文類聚》卷二十九，以《文苑英華》、《古詩紀》比勘。張惠紹，字德繼，義陽人，齊明帝時人。少有武幹，曾爲衛尉卿，遷左衛將軍。出爲持節、都督司州諸軍事、信威將軍、司州刺史、領安陸太守。天監十八年，卒，時年六十三。謚曰忠。」《梁書》卷十八有傳。

（2）滄池，水色碧青的池塘。宋・顏延之《碧芙蓉頌》:「擢麗滄池，飛映雲屋。」

（3）蓬山，即蓬萊山。相傳爲仙人所居。李商隱《無題詩》:「劉郎已恨蓬山遠，更隔蓬山一萬里。」

（4）麗景，美景。

（5）油雲，濃雲。《孟子・梁惠王上》:「天油然作雲，沛然下雨。」

（6）餘芳，殘花。陸機《塘上行》:「淑氣與時殞，餘芳隨風捐。」

（7）班，分等列序。《孟子・萬章下》:「周室班爵祿也，如之何？」趙岐注：「班列爵祿等差謂何。」俊造，才智傑出的人。《禮記・王制》:「司徒論選士之秀者而升之學，曰俊士。陞於司徒者，不徵於鄉，陞於學者，不徵於司徒，曰造士。」

（8）光私，榮寵。私，《文苑》作「寵」，奬，《文苑》作「私」。梁江淹《蕭驃騎讓封第三表》:「感激光私，未能自返。」輶，輕。《詩經・大雅・烝民》:「人亦有言：德輶如毛，民鮮克舉之。」鄭玄箋：「輶，輕。」吝，《文苑》作「恡」，二字都通「吝」。《文選・謝靈運〈入彭蠡湖口〉》:「靈物吝珍怪，異人秘精魂。」

（9）徒然，枉然。《文選・江淹〈雜體・陸平原羈宦詩〉》:「願言寄三鳥，離思非徒然。」反隅，比喻能由此知彼。《論語・述而》:「不憤不啓，不悱不發，舉一隅不以三隅反，則不復也。」

（10）重仞，數仞，形容高。《論語・子張》:「子貢曰：『譬之宮牆，賜之牆也及肩，窺見室家之好。夫子之牆數仞，不得其門而入，不見宗廟之美，百官之富。』」

侍宴餞庾於陵應詔詩（1）

皇心眷將遠，帳餞靈芝側（2）。是日青春獻（3），林塘多秀色（4）。芳卉疑綸組（5），嘉樹似雕飾（6）。遊絲綴鶯領（7），光風送綺翼（8）。下輦朝既盈（9），留宴景將昃（10）。高辯競談端（11），奇文爭筆力（12）。伊臣獨無伎（13），何用奉歎息（14）。

注釋：

（1）本篇錄自《藝文類聚》卷二十九，以《文苑英華》、《古詩紀》比勘。庾於陵，字子介，清警博學有才思，曾爲主簿，後拜太子洗馬，出爲宣毅晉安王長史、廣陵太守，行府州事，卒官，時年四十八。文集十卷。《梁書》卷四十九有傳。

（2）帳，《類聚》本作「悵」，依《文苑》改。靈芝，比喻傑出人才。杜甫《贈鄭十八賁》：「靈芝冠眾芳，安得闕親近。」

（3）青春，春天。《楚辭・大招》：「青春受謝，白日照只。」《文選・謝靈運〈遊南亭詩〉》：「未厭青春好，已覩朱明移。」

（4）林塘，樹林池塘。

（5）芳卉，芳草，香花。晉潘岳《登虎牢山賦》：「仰蔭嘉木，俯藉芳卉。」綸組，海草名。《文選・左思・〈吳都賦〉》：「綸組紫絳。」注：「濟曰：『綸、組、紫、絳四者，北海中草。』」組，《文苑》作「絹」。

（6）嘉樹：美樹。《楚辭・九章・橘頌》：「后皇嘉樹，橘徠服兮。」似，《類聚》本作「以」，依《文苑》改。雕飾，雕琢文飾。

（7）遊絲，蜘蛛等吐的飄蕩在空中的絲。梁沈約《八詠詩・會圃臨春風》：「遊絲曖如網，落花雰似霧。」

（8）光風，雨止日出時的和風。《楚辭・招魂》：「光風轉蕙，氾崇蘭些。」王逸注：「光風，謂雨已日出而風，草木有光也。」送，《文苑》作「翔」。

（9）輦，帝王后妃所乘的車。

（10）昃，日影西斜。

（11）高辯，高明的談吐。《文苑》作「辯」。辯，《文苑》作「談」。端，《類聚》誤作「瑞」，依《文苑》改。

（12）奇文，奇妙的文章。《後漢書・方術傳》：「尚奇文，貴異數。」陶潛《移居詩》：「奇文共欣賞，疑義相與析。」筆力，文章在筆法上表現的氣勢和力量。元稹《代曲江老人百韻詩》：「李杜詩篇敵，蘇張筆力勻。」

（13）伊臣，代自己。溫子升《從駕幸金墉城詩》：「伊臣從下列，逢恩信多幸。」伎，才能，才智。《正字通》：「伎，伎倆。」《史記 75・孟嘗君列傳・馮驩傳》：「無他伎能。」

（14）何由，怎能。由，《文苑》、《古詩紀》作「用」。歎，《類聚》本作「吹」，依《文苑》改。歎息：嗟歎。《禮記・祭義》：「祭之日，入室，僾然必有見乎其位，周還出戶，肅然必有聞乎其容聲，出戶而聽，愾然必有聞乎其歎息之聲。」

侍宴同劉公幹應令詩（1）

副君西園宴（2），陳王謁帝歸（3）。列位華池側（4），文雅縱橫飛（5）。小臣輕蟬翼，黽勉謬相追（6）。置酒陪朝日，淹留望夕霏（7）。

注釋：

（1）此篇錄自《初學記》卷十四，以《古詩紀》比勘。劉公幹，即建安七子之劉楨，劉楨，字公幹。

（2）副君，太子。《漢書・疏廣傳》：「太子國儲副君，師友必於天下英俊。」《文選・謝靈運〈擬魏太子鄴中集詩〉》：「副君命飲宴，歡娛寫懷抱。」西園，漢代上林苑的別名。《後漢書・馬融傳》：「遂棲鳳凰於高梧，宿麒麟於西園。《文選・張衡〈東京賦〉》：「歲惟仲冬，大閱西園，虞人掌焉，先期戒事。」注：「綜曰：『西園，上林苑也。』」《文選・曹植〈公讌詩〉》：「清夜遊西園，飛蓋相追隨。」

（3）陳王，三國魏，陳思王的略稱，即曹植。《文選・沈約〈宿東園詩〉》：「陳王斗雞難，安仁採樵路。」

（4）列位，位次，次第。華池，景色佳麗的池沼。《楚辭・東方朔〈七諫・謬諫〉》：「雞鶩滿堂壇兮，鼃黽遊乎華池。」王逸注：「華池，芳華之池也。」

（5）文雅，文才。《周書・元偉傳》：「偉少好學，有文雅，弱冠，授員外散騎侍郎。」

（6）黽勉，勉勵。《詩經・邶風・谷風》：「黽勉同心，不宜有怒。」毛傳：「言黽勉者，思與君子同心也。」

（7）淹留，久留。《楚辭・離騷》：「時繽紛其變易兮，又何可以淹留。」注：「淹，久也。」《文選・左思〈吳都賦〉》：「集洞庭而淹留。」夕霏，傍晚時的飛雲。《文選・謝靈運〈石壁精舍還湖中詩〉》：「林壑斂暝色，雲霞收夕霏。」

侍宴詩（1）

軒轅東北望（2），江漢西南永（3）。羽旗映日移，鐃吹臨風警（4）。令王愍追送（5），纜舟餞俄頃（6）。掩袂望征雲（7），銜杯惜餘景（8）。首燕徒有心，局步何由騁（9）。

注釋：

（1）此篇錄自《藝文類聚》卷二十九，以《文苑英華》、《古詩紀》比勘。《文苑》、《詩紀》作《侍宴離亭應令詩》。

（2）軒轅，車輈。《戰國策・趙策二》：「前有軒轅，後有長庭，美人巧笑，卒有秦患而不與其憂。」《史記・蘇秦列傳》：「前有樓闕軒轅，後有長姣美人。」《說文・車部》：「輈，轅也。」《說文通訓定聲》：「大車左右兩木直而平者謂之轅；小車居中一木曲而上者謂之輈，故亦曰軒轅，謂其穹隆而高也。」軒，《文苑》、《古詩紀》作「轘」。

（3）江漢，長江和漢水。《尚書・禹貢》：「江漢朝宗于海。」《詩經・小雅・四月》：「滔滔江漢，南國之紀。」《文選・謝眺〈之宣城出新林浦向版橋〉》：「江路西南永，歸流東北騖。」

（4）羽旗映日移，鐃吹臨風警。羽旗，翠羽裝飾的旌旗。鐃吹，即鐃歌。軍中樂歌。梁簡文帝《旦出興業寺講詩》：「羽旗承去影，鐃吹雜還風。」警，戒備。《左傳・宣公十二年》：「且雖諸侯相見，軍衛不散，警也。」

（5）令王，賢明的天子。《左傳・成公八年》：「三代之令王，皆數百年保天之祿，夫豈無辟王，賴前哲以免也。」愍，憂傷。《楚辭・九章・惜誦》：「惜誦以致愍兮，發憤以杼情。」追送，跟隨相送，形容情意眞摯殷切。《晉書・陶侃傳》:「及逵去，侃追送百餘里。」

（6）纜，《文苑》《古詩紀》作「纚。」《文苑》云:「集本、類聚並作纜。」餞，《文苑》《古詩紀》作「宴」。俄頃，片刻。

（7）掩袂，用衣袖遮面。望，《文苑》、《古詩紀》作「眺」。征雲，戰爭的氣氛。《長生殿・剿寇》:「不斷征雲靉，鬼哭神號，到處裏，染腥風。」

（8）銜杯，飲酒。《文選 47・劉伶〈酒德頌〉》:「先生於是方俸罌承槽，銜杯漱醪。」銜，《文苑》作「銜」。餘景，殘留的光輝。《文選 13・潘岳〈秋興賦〉》:「聽離鴻之晨吟兮，望流火之餘景。」

（9）局步，極短的距離。《宋書・索虜傳》:「駘駟安局步，騏驥志千里。」由，《文苑》作「所。」云:「集本、類聚並作由。」

同集晉安兒宅（1）

夫君追宴喜（2），十日遞來過（3）。築室華池上（4），開軒臨芰荷（5）。方塘交密筱（6），對溜接繁柯（7）。景移林改色，風度水餘波（8）。洛城雖半掩（9），愛客待驪歌（10）。

注釋：

（1）此篇錄自《文苑英華》卷二百一十四，以《藝文類聚》、《初學記》、《古詩紀》比勘。《藝文類聚》作《陪徐僕射晚宴於兒宅》，《文苑英華》作《同集晉安兒宅》。

（2）夫君，友人。謝眺《和江丞北戍琅邪城詩》:「夫君良自勉，歲暮忍淹留。」夫，《類聚》作「天」，《初學記》作「大」。喜，《類聚》作「憙」，通「喜」，喜悅。

（3）遞，順次，依次。

（4）築室，建築屋室。《詩經・大雅・緜》:「曰止曰時，築室於茲。」華池，景色佳麗的池沼。《楚辭・東方朔〈七諫・謬諫〉》:「雞鶩滿堂壇兮，鼃黽遊乎華池。」王逸注:「華池，芳華之池也。」

（5）芰荷，指菱葉與荷葉。《楚辭・離騷》:「製芰荷以爲衣兮，集芙蓉以爲裳。」

（6）塘，《初學記》作「堂」。筱，小竹，細竹。《類聚》作「筍」，同「筍」，竹的嫩芽。

（7）對，相對著的。溜，房屋。《楚辭・大招》：「夏屋廣大，沙堂秀只。南房小壇，觀絕溜只。」王逸注：「溜，屋宇也。」繁柯，繁密的樹枝。漢應瑒《竦迷疊賦》：「燭白日之炎陰，承翠碧之繁柯。」

（8）度，《文苑》云：「類聚作去。」《類聚》、《初學記》、《古詩紀》作「去」。

（9）掩，《類聚》作「日」。

（10）驪歌，告別的歌。于志寧《冬日宴群公於宅各賦一字得杯詩》：「賓筵未半醉，驪歌不用催。」

和湘東王理訟詩（1）

馮翊亂京兆（2），廣漢欲兼治（3）。豈若兼邦牧（4），朱輪褰素帷（5）。淮海封畿地（6），雜俗良在茲（7）。禁奸擿銖兩（8），馭黠震豺狸（9）。

注釋：

（1）此篇錄自《藝文類聚》卷五十，以《古詩紀》卷八十七比勘。理訟，審理訴訟。《後漢書・百官志》：「縣邑道大者，署令一人，掌治民，顯善勸義，禁奸罰惡，理訟平賊。」

（2）馮翊，南朝宋僑治，初爲襄陽，後爲鄀（即湖北省宜城縣東南）。亂，危害。京兆，南齊治，在湖北省襄樊市北部。

（3）廣漢，即廣漢郡，今四川省廣漢市。

（4）豈若，如何，不如。《論語・微子》：「且而與其從辟人之士也，豈若從辟世之士哉！」邦牧，刺史。唐高適《單父逢鄧司倉覆倉庫因而有贈》：「邦牧今坐嘯，群賢趨紀綱。」

（5）朱輪，古代王侯顯貴所乘的車子，用朱紅漆輪。《文選 41・楊惲〈報孫會宗書〉》：「惲家方隆盛時，乘朱輪者十人。位在列卿，爵爲通侯。」李善注：「二千石皆得乘朱輪。」褰素帷，使官吏接近百姓，實施廉政之典。《後漢書・賈琮傳》：「琮爲冀州刺史，舊典，傳車參駕，垂赤，帷裳，迎於州界。及琮之部，升車言曰：『刺史當遠視廣聽，糾察美惡，何有反垂帷裳以自掩塞乎？』乃命御者褰之。」

（6）封畿，指王都周圍地區。《史記 10・孝文本紀》：「封畿之內，勤勞不處。」

（7）雜俗，各種習俗。

（8）禁奸，懲治姦邪。擿，挑出，剔除。銖兩，比喻微小。《漢書・晁錯傳》：「今秦之發卒也，有萬死之害，而亡銖兩之報。」

（9）馭，治理。黠，狡猾之人。震，使驚懼。豺狸，豺和狐狸，比喻惡人。

奉和湘東王應令詩（二首）（1）

春宵

春宵猶自長，春心非一傷。月帶園樓影（2），風飄花樹香。誰能對雙燕，瞑瞑守空床（3）。

注釋：

（1）此篇錄自《藝文類聚》卷三十二，以《古詩紀》比勘。湘東王，蕭繹。

（2）園，《古詩紀》作「圓」。

（3）瞑瞑，夜晚。

冬曉

冬曉風正寒，偏念客衣單。臨妝罷鉛黛（1），含淚翦綾紈（2）。寄語龍城下（3），詎知書信難。

注釋：

（1）鉛黛，搽臉的鉛粉和畫眉的黛墨。王融《學徒樂府》：「閨中屏鉛黛，闕下掛纓簪。」

（2）翦，《古詩紀》作「剪」。綾紈，薄而細的絲織品。《藝文類聚》卷六十九引《六韜》：「桀紂之時，婦女坐以文綺之席，衣以綾紈之衣。」

（3）龍城，京城。

奉和昭明太子鍾山解講詩（1）

御鶴翔伊水（2），策馬出王田（3）。我后遊祇鷲（4），比事實光前（5）。翠蓋承朝景（6），朱旗曳曉煙（7）。樓帳縈巖谷（8），緹組曜林阡（9）。況在登臨地（10），復及秋風年。喬柯變夏葉（11），幽澗潔涼泉。停鑾對寶座（12），辯論悅人天（13）。淹塵資海滴（14），昭暗仰燈然（15）。法朋一已散，笳劍儼將旋（16）。邂逅逢優渥（17），託乘侶才賢（18）。摛辭雖並命（19），遺恨獨終篇（20）。

注釋：

（1）此篇錄自《廣弘明集》卷三十，以《古詩紀》卷八十七比勘。《古詩紀》作《奉和昭明太子鍾山解講詩》。奉和，作詩與別人相唱和。

（2）御鶴，以鶴爲坐騎，仙人通常以鶴爲坐騎。翔，迴旋而飛。《說文・羽部》：「翔，回飛也。」《周易・豐》：「豐其屋，天際翔也。」《論語・鄉黨》：「翔而後集。」何晏《集解》引周生烈曰：「迴翔審觀而後下止。」伊，用於句中。《詩經・小雅・都人士》：「匪伊垂之。」鄭箋：「伊，辭也。」

（3）策，驅趕騾馬役畜的鞭棒。《左傳》襄公十七年：「左師爲己短策，苟過華臣之門必騁。」王田，天下的田地。

（4）祇，大。《周易・復》：「不遠復，無祇悔。」孔穎達疏：「既能速復，是無大悔。」《古詩紀》作「祗」。鷲，靈鷲山的簡稱。在古印度摩揭陀國王舍城之東北。相傳如來曾在此講《法華》等經，故佛教以爲聖地，因山頂似鷲，故名。後借稱佛地。《大智度論》卷三：「是山頂，似鷲，王舍城人見其似鷲，故共傳言鷲頭山，因名之爲鷲頭山。復次，王舍城南，屍陀林中多諸死人，諸鷲常來噉之，還在山頂，時人遂名鷲頭山。」南朝齊蕭子良《與荊州隱士劉虬書》：「沾濠射之冥遊，屈祇鷲之法侶。」

（5）比事，排比史實。《禮記・經解》：「屬辭比事，《春秋》教也。」孔穎達疏：「比次褒貶之事，是比事也。」光前，功業勝過前人。

（6）翠蓋，飾以翠羽的車蓋。《文選・揚雄〈甘泉賦〉》：「流星旄以電燭兮，咸翠蓋而鸞旗。」

（7）朱，本作「珠」，依《古詩紀》改。曳，飄搖。

(8) 褸帳，層層疊疊的帷幕，形容其多。縈，迴旋纏繞。《詩經・周南・樛木》：「南有樛木，葛藟蒙之。」毛傳：「縈，旋也。」巖谷，山谷。《後漢書・南蠻西南夷傳論》：「蠻夷雖附阻岩谷，而類有土居，連涉荊、交之區，布護巴、庸之外，不可量極。」

(9) 緹組，紅色的帛製成的繫玉的絲帶。林阡，山林間小道。

(10) 況，正，恰。登臨，遊覽。《楚辭・九辯》：「憭栗兮若在遠行，登山臨水兮送將歸。」

(11) 喬柯，高枝。晉陶潛《雜詩》之十二：「年始三五間，喬柯何可倚。」

(12) 鑾，皇帝的駕車。

(13) 辯論，辯難論說。《史記・平津侯主父列傳》：「辯論有餘，習文法吏事。」《文選・張衡〈西京賦〉》：「若其五縣遊麗辯論之士，街談巷議。」人天，指代君王。

(14) 淹塵資海滴，淹，浸泡。《禮記・儒行》：「儒有委之以財貨，淹之以樂好，見利不虧其義。」鄭玄注：「淹，謂浸漬之。」塵，塵垢，佛教經常以塵比喻煩惱。《長阿含經序》云：「夫出家者，欲調伏心意，永離塵垢。慈育群生，無所侵嬈，虛心靜寞，唯道是務。太子曰：『善哉，此道最眞。』尋勑御者，賫吾寶衣並及乘轝。還白大王：『我即於此剃除鬚髮，服三法衣，出家修道。所以然者，欲調伏心意，捨離塵垢，清淨自居。』」資，憑藉。《左傳》僖公十五年：「出因其資，入用其寵，饑食其粟，三施而無報，是以來也。」《淮南子・主術訓》：「夫七尺之橈而制船之左右者，以水爲資。」海滴，爲佛壽四喻之一。《翻譯名義集》：「四喻，《金光明經》，四佛同舉：山斤、海滴、地塵、空界。」此處借指佛。這一句指佛法可掃卻心中的煩惱。

(15) 昭暗仰燈然，昭，同「照」，燈，佛教以燈能指明破暗，因用以喻佛法。晉習鑿齒《與釋道安書》：「若慶雲東徂，摩尼回曜，一躡七寶之座，暫視明哲之燈。」這一句仍指佛教能破除煩惱和惡業。

(16) 笳，古代管樂器，即胡笳。儼，恭敬，莊嚴。《禮記・曲禮上》：「毋不敬，儼若思。」旋，還，歸來。《詩經・小雅・黃鳥》：「言旋言歸，復我邦族。」

(17) 邂逅，不期而遇。《詩經・鄭風・野有蔓草》：「有美一人，清揚婉兮，邂逅相與，適我願兮。」毛傳：「邂逅，不期而會。」優渥，待遇優厚。《詩經・小雅・信南山》：「既優既渥，既沾既足，生我百穀。」

（18）託乘，比喻得人援引。《楚辭・遠遊》：「質菲薄而無因兮，焉託乘而上浮。」王逸注：「將何引援而升雲也。」洪興祖《補注》：「乘，時證切。」才賢，有品德才能的人。《史記・日者列傳》：「才賢不為，是不忠也。」

（19）摛辭，鋪陳文章。晉郭璞《方言序》：「類摛辭之指韻，明乖途而同致。」並命，一同受命。《禮記・內則》：「毋敢敵耦於冢婦，不敢並行，不敢並坐。」孔穎達疏：「並有教令之命。」

（20）遺恨，到死還感到悔恨。《文選・陸機〈文賦〉》：「恒遺恨以終篇，豈懷盈而自足。」

上虞鄉亭觀濤津渚學潘安仁河陽縣詩（1）

昔余筮賓始（2），衣冠仕洛陽（3）。無貲徒有任（4），一命忝為郎（5）。再踐神仙側（6），三入崇賢旁（7）。東朝禮髦俊（8），虛薄廁才良（9）。遊談侍名理（10），搦管創文章（11）。引籍陪下膳（12），橫經參上庠（13）。誰謂服事淺（14），契闊變炎涼（15）。一朝謬為吏，結綬去承光（16）。烹鮮徒可習（17），治民終未長。化雞仰季智（18），馴雉推仲康（19）。此城鄰夏穴（20），橚矗茂筠篁（21）。孝碑黃絹語（22），神濤白鷺翔。遨遊佳可望（23），釋事上川梁。秋江凍雨絕，反景照移塘。纖羅殊未動，駭水忽如湯（24）。乍出連山合，時如高蓋張（25）。漂沙黃沫聚，礐石素波揚（26）。榜人不敢唱（27），舟子詎能航（28）。離家復臨水，眷然思故鄉。中來不可絕，奕奕苦人腸（29）。泝洄若無阻（30），謝病反清漳（31）。

注釋：

（1）此篇錄自《古詩紀》卷八十七，以《文苑英華》比勘。《說文繫傳》言部引塘一韻。《文苑英華辯證》云，化雞仰季智，馴雉推仲康。季智，仇覽字，仲康，魯恭字也。化雞，一作化鶵，仇覽傳化我鳴梟哺所生。《說文繫傳》云，〈陸雲與兄書〉曰，曹公所為屋折其誃塘不可壞，直斫之而已。又劉孝綽上虞鄉亭觀濤詩曰云云，孝綽所言即別館也。潘安仁，即潘岳。潘岳，字安仁，滎陽中牟人也。岳少以才穎見稱，鄉邑號為奇童。才名冠世，為眾所疾，遂棲遲十年。出為河陽令，負其才而鬱鬱不得志。性輕躁，趨世利，仕宦不達。辭藻絕麗，尤善爲哀誄之文。其傳見《晉書》卷五十五。上虞，縣名。在今浙江省紹興縣東。

（2）筮賓，做官之前占卜吉凶。

（3）衣冠，借指官吏。《漢書・遊俠傳》：「所到衣冠懷之。」

（4）賁，文書，契約。

（5）一命，周時官階從一命到九命，一命爲最低的官階。《左傳・昭公七年》：「三命茲益共，一命而僂，再命而傴，三命而俯。」杜預注：「三命，上卿也。」後泛指低微的官職。忝，羞辱。《尚書・堯典》：「否德，忝帝位。」孔穎達傳：「忝，辱也。」郎，即著作佐郎。《梁書》本傳：「天監初，起家著作佐郎。」

（6）踐，擔當。《左傳・僖公十二年》：「往踐乃職，無逆聯命。」神仙，漢宮殿名。《文選 1・班固〈西都賦〉》：「清涼宣溫，神仙長年，金華玉堂，白虎麒麟，區宇若茲，不可殫論。」李善注：「《三輔黃圖》曰：『長樂宮有神仙殿。』」

（7）旁，《文苑》作「傍」。

（8）髦俊，才智出眾者。《漢書・敘傳》：「疇咨熙載，髦俊並作。」《文選 55・陸機〈演連珠〉》：「髦俊之才，世所希乏。」注：「向曰：『髦俊，俊人也。』」

（9）虛薄，才性空虛淺薄。《後漢書・明帝紀》：「朕以虛薄以何？。」《文選・潘岳〈在懷縣作詩〉》：「虛薄乏時用，位微名日卑。」廁，參與。《史記 80・樂毅列傳》：「先王過舉，廁之賓客之中，立之群臣之上。」才良，才士賢人。杜甫《送靈州李判官》：「將軍專策略，幕府盛才良。」

（10）遊談，交遊閒談。宋王象之《與地紀勝》序：「然不過辨古今，析同異……資遊談而誇辯博，則有之矣。」侍，進諫。名理，魏晉及其後清談家辨析事物名和理的是非同異。

（11）搦管，握筆。

（12）引籍，引人及門籍。下膳，在下面進食。

（13）橫經，橫陳經籍，指授業或讀書。《北齊書・儒林傳序》：「橫經受業之侶，遍於鄉邑。」參，古時下級按一定的禮節晉見上級。上庠，古代的大學。《禮記・王制》：「有虞氏養國老於上庠，養庶老於下庠。」鄭玄注：「上庠，右學，大學也。」

（14）服事，承擔公職。《周禮・地官・大司徒》：「頒職事十有二於邦國、都鄙。

使以登萬民。……十有二曰服事。」鄭玄注：「鄭司農云：『服事謂爲公家服事者。』」淺，淺薄。

（15）契闊，勤苦，勞苦。《詩經·邶風·擊鼓》：「死生契闊，與子成說。」毛傳：「契闊，勤苦也。」炎涼，人情勢利，反覆無常。梁簡文帝《倡婦怨情詩》：「含涕坐度日，俄頃變炎涼。」

（16）結綬，佩繫綬印，指出仕爲官。《後漢書·朱穆傳論》：「紵衣傾蓋，彈冠結綬之夫，遂隆其好。」《文選·顏延之〈秋胡詩〉》：「脫巾千里外，結綬登王畿。」注：善曰：「綬，仕者所佩。」

（17）烹鮮，比喻政治才能。《老子》：「治大國若烹小鮮。」習，《古詩紀》云：「一作惜。」

（18）季智，後漢仇覽字。化雛，《文苑英華辯證》云：「化雛，一作化鶵，仇覽傳：化我鳴，梟哺所生。」

（19）仲康，後漢魯恭字。馴雉，指魯恭的德政。《後漢書·魯恭傳》云：「桑下有雉，過止其傍，傍有童兒，親曰：「兒何不捕之？」兒言：「雉方將雛。」親瞿然而起，與恭訣曰：「所以來者，欲察君之政跡耳。今蟲不犯境，此一異也；化及鳥獸，此二異也；豎子有仁心，此三異也。久留徒擾賢者耳。」

（20）夏穴，穴，墓壙。《詩經·王風·大車》：「穀則異室，死則同穴。」鄭玄箋：「穴，謂冢壙中也。」此處應指夏朝之廢墟。

（21）橚矗，竹木長直貌。《文選·左思〈吳都賦〉》：「橚矗森萃，蓊茸蕭瑟。」李善注：「橚矗，長直貌。」筠篁，竹叢。《水經注·清水注》：「徑七賢祠東，左右筠篁列植，冬夏不變貞萋。」

（22）孝碑黃絹語，《世說新語·〈捷悟〉》：「魏武嘗過曹娥碑下，楊脩從，碑背上見題作『黃絹幼婦，外孫齏臼』八字，魏武謂修曰：『解不答？』曰：『解。』魏武曰：『卿未可言，待我思之。』行三十里，魏武乃曰：『吾已得。』另修別記所知。修曰：『黃絹，色絲也，於字爲絕；幼婦，少女也，於字爲辭。所謂絕妙好辭也。』魏武亦記之，與修同，乃歎曰：『我才不及卿，乃覺三十里。』《會稽典錄》曰：「孝女曹娥者，上虞人，父盱能，撫節按歌婆娑樂神。漢安二年，迎伍君神，泝濤而上，爲水所淹，不得其屍。娥年十四，號慕思盱，乃投瓜子於江，存其父屍，曰：『父在此，瓜當沈。』旬有七日，瓜偶沈，遂自投於江而死。縣長度尚悲憐其義，爲之改葬，命其弟子邯鄲子禮爲之作碑。按，曹娥碑在會稽中而魏武楊脩未嘗過江也。《異苑》曰：「陳留蔡邕避難過吳，讀碑文以爲詩人之作，無詭妄也，因刻石旁作八字。魏武見而不能了，以問群僚，莫有解者，有婦人浣於汾渚，曰：『第四車既而禰正平也。衡即以離合義解之，或謂此婦人即娥靈也。』」

（23）遨遊，遊樂，嬉戲。佳，《文苑》作「住」。

（24）駭水，奔騰的水流。《文選・木華〈海賦〉》：「驚浪奔雷，駭水迸集。」注：「銑曰：『驚散如雷奔也。駭，亦奔也。』」湯，沸水。

（25）高蓋，高車。《文選・張衡〈東都賦〉》：「結飛雲之袷輅，樹翠羽之高蓋。」

（26）漂沙黃沫聚，礐石素波揚。礐石，水擊石。《文選・木華〈海賦〉》：「影沙礐石。」李善注引《說文》：「礐，石聲也。」素波，白色的波浪。

（27）榜人，船夫。榜，《文苑》作「傍」。

（28）舟子，船夫。《詩經・邶風・匏有苦葉》：「招招舟子，人涉卬否。」毛傳：「舟子，舟人，主濟渡者。」

（29）奕奕，憂愁貌。《詩經・小雅・頍弁》：「未見君子，憂心奕奕。」孔穎達疏：「奕奕，憂之狀。」

（30）泝回，逆流而上。《詩經・秦風・蒹葭》：「泝回從之，道阻且長。」

（31）謝病，託病引退。《戰國策・秦策三》：「應侯因謝病，請歸相印。」清漳，水名，漳河上流。源出於山西省平定縣南大黽谷。

登陽雲樓詩（1）

吾登陽臺上（2），非夢高唐客（3）。回首望長安（4），千里懷三益（5）。顧惟慚入楚（6），降私等申白（7）。西沮水潦收（8），昭丘霜露積（9）。龍門不可見（10），空慕凌寒柏（11）。

注釋：

（1）此篇錄自《古詩紀》卷八十七，以《藝文類聚》、《初學記》、《文苑英華》比勘。陽雲，《文選・宋玉〈高唐賦〉序》：「先王嘗遊高唐，怠而晝寢。夢見一婦人，曰：『妾巫山之女也，爲高唐之客。聞君遊高唐，願薦枕席。』王因幸之。去而辭曰：『妾在巫山之陽，高丘之岨，旦爲朝雲，暮爲行雨，朝朝暮暮，陽臺之下。』旦朝視之，如言，故爲立廟，號曰陽雲。」

（2）登，《類聚》作「土」，《初學記》作「上」，《文苑》作「王」。

（3）高唐客，即巫山之女。唐，《類聚》作「臺」。

（4）回，《類聚》、《初學記》作「迴」。

（5）三益。指良友。《論語・季氏》：「孔子曰：『益者三友，損者三友。友直，友諒，友多聞，益矣。』」

（6）顧，回首。《詩經・檜風・匪風》：「顧瞻周道，中心怛兮。」毛傳：「回首曰顧。」惟，思考。《詩經・大雅・生民》：「載謀載惟，取蕭祭脂。」鄭玄箋：「惟，思也。」《古詩紀》作「帷」。

（7）降，《初學記》、《文苑》作「殊」。《文苑》注：「一作降。」私，偏愛，寵愛。《儀禮・燕禮》：「對曰：『寡君，君之私也。」鄭玄注：「私謂獨有恩厚也。」申白，申明表白。《晉書・司馬休之傳》：「但康之前言，有所不盡，故重使胡道，申白所懷。」

（8）沮，水名。在湖北省中部偏西。《初學記》作「阻」。水潦，大雨。《禮記・曲禮上》：「水潦降，不獻魚鼈。」

（9）昭丘，春秋楚昭王墓。在湖北省當陽縣東南。《文選・王粲〈登樓賦〉》：「北彌陶牧，西接昭丘。」李善注引《荊州圖記》：「當陽東南七十里，有楚昭王墓，登樓則見，所謂昭丘。」昭，《文苑》作「瑕」，云：「一作照。」丘，《古詩紀》作「邱」，云：「一作瑕。」

（10）龍門，代指皇宮。《後漢書・李膺傳》：「膺獨持風裁，以聲明自高，士有被其容接者，名爲登龍門。」注：「辛氏《三秦記》曰：『河津，一名龍門，水險不通，魚鼈之類莫能上，上則爲龍也。』」

（11）慕，《文苑》作「暮」。寒，《類聚》、《初學記》作「霜」。柏，《文苑》作「栢」。

林下映月詩（1）

明明三五月（2），垂影當高樹。攢柯伴玉蟾（3），裛葉彰金兔（4）。茲林有夜坐，嘯歌無與晤（5）。側光聊可書，含毫且成賦。

注釋：

（1）此篇錄自《藝文類聚》卷一，以《文苑英華》、《初學記》、《古詩紀》比勘。《文苑英華》百五十二作「林下月影」，注云，集本、類聚並作映月。《初學記》一作「林下月影」，引樹、兔二韻。

（2）月，《文苑》作「夜」，云：「集作月。」

（3）攢柯，叢生的枝條。《文選．左思〈吳都賦〉》：「攢柯挐莖，重葩晻葉。」伴，本作「半」，依《文苑》改。

（4）裛葉，濡濕的葉子。《文選．陶潛〈雜詩〉》：「裛露掇其英。」金兔，月之別名也。江總《早朝守建陽門開詩》：「金兔猶懸魄，銅龍欲啓扉。」裛，《初學記》作「叢」。彰，《初學記》、《文苑》作「映」，《文苑》云：「集本、類聚並作彰。」

（5）嘯歌，長嘯歌吟。《詩經．小雅．白華》：「嘯歌傷懷，念彼碩人。」

賦得遺所思詩（1）

遺簪雕玳瑁（2），贈綺織鴛鴦。未若華滋樹（3），交枝蕩子房。別前秋已落，別後春更芳。所思不可寄，唯憐盈袖香。

注釋：

（1）此篇錄自《玉臺新詠》卷八，以《古詩紀》比勘。

（2）遺，贈。玳瑁，《異物志》：「玳瑁如龜，生於南海。」

（3）未若，不如。華滋，形容枝葉繁茂。《文選．古詩十九首》：「庭中有奇樹，綠葉發華滋。」

月半夜泊鵲尾詩（1）

客行三五日，息棹隱中洲（2）。月光隨浪動，山影逐波流。

注釋：

（1）此篇錄自《藝文類聚》卷二十七，以《古詩紀》比勘。鵲尾，地名。安徽銅陵至繁昌長江中，有鵲洲。鵲頭爲銅陵西南鵲頭山，鵲尾爲繁昌東北之山。

（2）中洲，洲中。《楚辭・九歌・湘君》：「君不行兮夷猶，蹇誰留兮中洲？」王逸注：「中洲，洲中也。水中可居者曰洲。」

太子洑落日望水詩（1）

川平落日迥（2），落照滿川漲（3）。復在淪波地（4），派別引沮漳（5）。耿耿流長脈（6），熠熠動輕光（7）。寒烏逐槎泛（8），驚鶂拂浪翔。臨流自多美（9），況此還故鄉（10）。榜人夜理檝（11），棹女闇成裝（12）。欲待春江曙（13），爭塗向洛陽（14）。

注釋：

（1）此篇錄自《初學記》卷八，以《文苑英華》、《藝文類聚》、《何水部集》、《古詩紀》比勘。《類聚》脫洑字。《何水部集》二作落日望水。《類聚》八引漲、漳、光、鄉、妝、陽六韻。《詩紀》云，見何水部集太子洑，港口名，在湖北省黃梅縣南。《南史・宋桂陽王休範傳》：「長史王奐行府州事，出陣夏口，慮爲休範所留，自太子洑去，不過尋陽。」

（2）迥，同「迴」。《文苑》作「迴」，遙遠。《文選・謝靈運〈登江中孤嶼〉》：「懷雜道轉迥，尋異景不延。」

（3）漲，彌漫。本作「張」，依《類聚》改。《文苑》作「洋」。《三國志・吳志・周瑜傳》：「頃之，煙炎漲天，人馬燒溺死者甚眾。」

（4）淪波，微波。《舊唐書・劉晏傳》：「漕引瀟湘洞庭，淪波掛席，西指長安，三秦之外，待此而飽。」波，《類聚》作「坡」，地，《類聚》作「池」。

（5）派別，水的支流。《文選・左思〈吳都賦〉》：「百川派別，歸海而會。」注：「劉曰：『《字說》曰：『水別流爲派。』」派，《類聚》、《文苑》作「泒」。別引，《類聚》作「引別」。引，延續。《詩經・小雅・楚茨》：「子子孫孫，勿替引之。」毛傳：「引，長也。」沮漳，沮水和漳水的並稱。《文選・謝靈運〈擬魏太子《鄴中集》詩・王粲〉》：「沮漳自可美，客心非外獎。」

（6）耿耿，明亮的樣子。《文選・謝眺〈暫使下都夜發新林至京邑贈西府同僚〉》：「秋河曙耿耿，寒渚夜蒼蒼。」李善注：「耿耿，光也。」脈，水脈。

（7）熠熠，閃爍貌。魏阮籍《清思賦》：「色熠熠以流爛兮，紛雜錯以葳蕤。」輕光，微弱的光。

（8）寒烏，寒冬的烏鴉。「槎」同「査」。指木筏。泛，同「泛」。漂浮。《詩經・墉風・柏舟》：「泛彼柏舟，在彼中河。」《文苑》作「泛」。

（9）臨，面對。《楚辭・九歌・少司命》：「望美人兮未來，臨風怳兮浩歌。」

（10）此，《古詩紀》作「乃」，云：「一作此。」

（11）榜，《文苑》作「傍」。理檝，修理船槳。

（12）棹女，船家女。《文選・班固〈西都賦〉》：「棹女謳，鼓吹震。」闇，天未明時。

（13）春江，春天的江水。曙，天亮，破曉。《楚辭・九章・悲回風》：「涕泣交而淒淒兮，思不眠以至曙。」王逸注：「曙，明也。」

（14）爭塗，搶佔道路。

夜不得眠詩（1）

夜長愁反覆，懷抱不能裁（2）。披衣坐惆悵（3），當戶立徘徊。風音觸樹起，月色度雲來。夏葉依窗落，秋花當戶開。光陰已如此，復持憂自催。

注釋：

（1）此篇錄自《藝文類聚》卷三十五，以《古詩紀》比勘。

（2）懷抱，心意。裁，消除，削減。

（3）惆悵，悵然失志。《楚辭・九懷・通路》：「陰憂兮感余，惆悵兮自憐。」

還渡浙江詩（1）

季秋弦望後（2），輕寒朝夕殊。商人泣紈扇（3），客子夢羅襦（4）。憂方自難遣，況復阻川隅。日暮愁陰合，繞樹噪寒烏。蒙漠江煙上（5），蒼茫沙嶼蕪（6）。解纜辭東越（7），接舳騖西徂（8）。懸帆似馳驥（9），飛棹若驚鳧。言歸遊俠窟（10），方從冠蓋衢（11）。

注釋：

（1）此篇錄自《藝文類聚》卷二十七，以《文苑英華》、《古詩紀》比勘。《文苑英華》百六十二作「渡浙江」。

（2）季秋，秋天的最後一個月，農曆九月。《尚書・胤征》：「乃季秋月朔，辰弗集於房。」弦望，農曆每月初七、八、二十二、二十三、和十五。《漢書・律曆志》：「定朔、晦、分、至、躔、離、弦、望。」《文選・李陵〈與蘇武詩〉》：「安知非日月，弦望自有時。」

（3）紈扇，細絹製成的團扇。《晉書・后妃傳序》：「晉承其末與世污隆，宣皇創基功弘而道屈，穆后一善績侔於十亂，洎乎太祖，始親選良家，既而帝掩紈扇，躬行請託，後採長白實彰妒忌之情，賈納短青竟踐覆亡之轍。」劉禹錫《和中相公雨後寓懷見示詩》：「曉看紈扇恩情薄，夜覺紗燈刻數長。」

（4）羅襦，綢製短衣。《史記 126・滑稽列傳》：「羅襦襟解，微聞薌澤。」襦，《文苑》作「木需」。

（5）蒙漠，迷茫昏暗。

（6）沙嶼，泛指小沙島。《文選・江淹〈雜體詩・郊遊〉》：「涼葉照沙嶼，秋榮冒水潯。」李善注：「劉淵林《吳都賦注》曰：『嶼，海中洲上有山石也。』」

（7）東越，漢代建元時封越王句踐之裔余善爲東越王，與閩越之裔繇王醜並處，約今浙江省東部南部及福建省東南部等地。《史記 114・東越傳》：「閩越王無諸，及越東海王搖者，其先皆越王句踐之後也。」

（8）騖，同「鶩」，疾馳。西徂，西行。

（9）馳驥，奔馳的駿馬。丁廙妻《寡婦詩》：「惟人生於世上，若馳驥之過櫺。」

（10）言歸遊俠窟。遊俠，古代稱勇於救人於急難的人。窟，人彙集之處。《文選・郭璞〈遊仙詩〉》之一：「京華遊俠窟。」

（11）冠蓋，指仕宦貴官。本指使仕宦的冠服車蓋。《戰國策・魏策》：「秦魏爲與國，齊楚約而欲攻魏，魏使人求救於秦，冠蓋相望，秦救不出。」《文選・班固〈西都賦〉》：「冠蓋如雲，七相五公。」

夕逗繁昌浦詩（1）

日入江風靜，安波似未流。岸迴知舳轉（2），解纜覺船浮。暮煙生遠渚（3），夕鳥赴前洲（4）。隔山聞戍鼓（5），傍浦喧棹謳（6）。疑是辰陽宿（7），於此逗孤舟。

注釋：

（1）此篇錄自《文苑英華》一百六十四，以《藝文類聚》、《古詩紀》比勘，《類聚》二十七引流、洲二韻。繁昌，在今安徽省東部，長江南岸。

（2）岸，本作「崖」，依《類聚》改。

（3）渚，水中小洲。《詩經・召南・江有汜》：「江有渚。」毛傳：「渚，小洲也。」

（4）洲，水中的陸地。《詩經・周南・關雎》：「關關雎鳩，在河之洲。」

（5）戍鼓，邊防駐軍的鼓聲。杜甫《月夜憶舍弟》：「戍鼓斷人行，邊秋一雁聲。」

（6）謳，歌。《廣韻》：「謳，歌也。」《孟子・告子下》：「河西善謳。」

（7）辰陽，縣名。戰國楚地，在辰水之陽，故名。《楚辭・九章・涉江》：「朝發枉陼兮，夕宿辰陽。」

櫟口守風詩（1）

春心已應豫（2），歸路復當歡。如何此日風，霾曀駭波瀾（3）。倏見搖心慘（4），俄瞻鄉路難。賴有同舟客，移宴息層巒（5）。華茵藉初卉（6），芳樽散緒寒（7）。謔浪雖云善，江流苦未安。何由入故園，詎即紉新蘭（8）。寄謝浮丘子（9），暫欲假飛鸞。

注釋：

（1）此篇錄自《何遜集》二，以《古詩紀》比勘。櫟口，未詳。守風，等待適合行船的風向。三國魏邯鄲淳《笑林》：「姚彪與張溫俱至武昌，遇吳興沈珩於江渚，守風，糧用盡，遣人從彪貸鹽一百斛。」

（2）春心，春景所引發的意興或情懷。《楚辭・招魂》：「湛湛江水兮，上有楓，目極千里兮傷春心。魂兮歸來哀江南。」王逸注：「言湖澤博平，春時草短，望見千里，令人愁思而傷心也。」豫，歡快，喜悅。《孟子・公孫丑下》：「孟子去齊，充虞路問曰：『夫子若有不豫之色然。』」

（3）霾曀，蔽天的雲氣。《文選・木華〈海賦〉》：「若乃霾曀潛銷，莫振莫竦。」

注：「向曰：『霾曀，昏氣也。』」

（4）倐，同「倏」，忽然。搖心，不定的心神。《左傳・昭公二十三年》：「諸侯之師，乃搖心矣。」

（5）層巒，重疊的山巒。吳均《酬周參軍詩》：「沈雲隱喬樹，細雨滅層巒。」

（6）華茵，華褥。《文選・謝靈運〈擬魏太子鄴中集詩〉》：「澄觴滿金罍，連榻設華茵。」

（7）緒寒，餘寒。緒，殘餘。《莊子郭慶藩集釋・山木》：「食不敢先嘗，必取其緒。」郭慶藩集釋引王念孫曰：「緒者餘也。言食不敢先嘗而但取其餘也。」

（8）新蘭，初生的蘭。

（9）浮丘子，周靈王時的人，曾與王子晉吹笙騎鶴遊於嵩山。《文選・謝靈運〈登臨海嶠與從弟謝惠連詩〉》：「倘遇浮丘公，長絕子徽音。」李善注：「《列仙傳》曰：『王子喬好吹笙，道人浮丘公接以上嵩山。』」劉良注：「浮丘公，古仙人。」唐李山甫《賀邢州盧員外詩》：「北省諫書藏舊草，南宮郎署握新蘭。」

報王永興觀田詩（1）

重門寂已暮（2），案牘罷囂塵（3）。清涼生筍席，微風起扇輪。浮瓜聊可貴（4），溢酒亦成珍。復有寒泉井，兼以瑩心神。睠彼忘言客，閒居伊洛濱（5）。顧已慚困地，徒知薑桂辛（6）。但願崇明德（7），無謂德無鄰（8）。

注釋：

（1）此篇錄自《藝文類聚》卷六十五，以《古詩紀》比勘。永興，在今安徽。

（2）重門，多層之門。謝朓《觀朝雨詩》：「重門猶未開，耳目暫無擾。」

（3）案牘，官中文書。《北史・陽昭傳》：「昭學涉史傳，尤閒案牘。」囂塵，紛擾的人世。《文選・左思〈蜀都賦〉》：「囂塵張天，則埃壒曜靈。」《文選・嵇康〈與山巨源絕交書〉》：「囂塵臭處，千變百伎。」

（4）浮瓜，指以寒泉洗瓜果解渴，代消夏樂事。《文選・曹丕〈與朝歌令吳質書〉》：「浮甘瓜於清泉，沈朱李於寒水。」

（5）伊洛，伊水與洛水。兩水匯流，多連稱。《國語・周語上》：「昔伊洛竭而夏亡，河竭而商亡。」韋昭注：「伊出熊耳，洛出冢嶺。禹都陽城，伊洛所近。」

（6）薑桂，生薑和肉桂。

（7）明德，美德。

（8）德無鄰，指有德之人相聚爲伴。《論語・里仁》：「子曰：『德不孤，必有鄰。』」何晏集解：「方以類聚，同志相求，故必有鄰，是以不孤。」

望月有所思詩（1）

秋月始纖纖（2），微光垂步簷（3）。曈曨入床簟（4），髣髴鑒窗簾（5）。簾螢隱光息，簾蟲映光纖。玉羊東北上（6），金虎西南昃（7）。長門隔夜清（8），高堂夢容色（9）。如何當此時，懷情滿胸臆（10）。

注釋：

（1）此篇錄自《藝文類聚》卷一，以《文苑英華》卷一百五十二、《古詩紀》卷八十七比勘。

（2）纖纖，尖細。《文選・鮑照〈翫月城西門廨中詩〉》：「始出西南樓，纖纖如玉鉤。」

（3）步簷，簷下的走廊。南朝宋謝靈運《傷己賦》：「望步簷而周流，眺幽閨而清陰。」步，《文苑》作「出」，曰：「《類聚》作步。」

（4）曈曨，光線微弱的樣子。《文苑》、《古詩紀》作「朣朧」。簟，席。《說文・竹部》：「簟，竹席也。」《禮記・喪大禮》：「君以簟席，大夫以蒲席。」鄭玄注：「簟，細葦席也。」

（5）髣髴，隱約，依稀。《楚辭・遠遊》：「時髣髴以遙見兮，精皎皎以往來。」洪興祖補注：「《說文》云：髣髴，髣髴見不諟也。」《古詩紀》作「彷彿」。

（6）玉羊，月亮的別名。

（7）金虎，指太陽。昃，《說文・日部》：「日在西方時，側也。」《周易・離》：「日昃之離，何可久也。」

（8）長門，漢宮名。借指失寵女子居住的淒清宮院。《文選・謝朓〈和王主簿怨情〉》：「掖庭聘絕國，長門失歡宴。」清夜，清靜的夜晚。

（9）高堂，朝廷。《漢書・賈誼傳》：「人主之尊譬如堂，群臣如陛，眾庶如地。

故陛九級上，廉遠也，則堂高。」夢，本作「蒙」，依《文苑》改。容色，容貌神色。《論語・鄉黨》:「享禮，有容色，私覿，愉愉如也。」

（10）滿，《文苑》作「向」，曰:「《類聚》作蒲。」

對雪 (1)

桂華殊皎皎 (2)，柳絮亦霏霏 (3)。詎比咸池曲 (4)，飄颻千里飛 (5)。恥均班女扇 (6)，羞儷曹人衣 (7)。浮光亂粉壁，積照朗彤闈 (8)。鶺鴒搖羽至 (9)，鵯鶋拂翅歸 (10)。相彼猶自得 (11)，嗟余獨有違。終朝守玉署 (12)，方夜勞石扉 (13)。未能奏緗綺 (14)，何由辨國闈 (15)。坐銷風露質 (16)，遊聯珠璧暉。偶懷笨車是 (17)，良知高蓋非 (18)。既言謝端木，無爲陳巧機 (19)。

注釋：

（1）此篇錄自《初學記》卷二，以《藝文類聚》卷二、《文苑英華》一百五十四、《文苑英華辯證》卷六、《古詩紀》卷八十七比勘。《古詩紀》作「校書秘書省對雪詠懷」。《類聚》二、《初學記》二、《文苑英華》百五十四並作「對雪詩」。引霏、飛、衣、闈四韻。

（2）桂華，指月。皎皎，明亮的樣子。皎，《說文・白部》:「皎，月之白也。」《詩經・陳風・日出》:「月出皎兮，佼人僚兮。」毛傳:「皎，月光也。」

（3）霏霏，飄灑，飛揚。

（4）咸池，古樂曲名，相傳爲堯樂。《禮記・樂記》:「《咸池》，備矣。」鄭玄注：「黃帝所作樂名也，堯增修而用之。」

（5）飄颻，風馳的樣子。本作「飄飄」，依《類聚》改。千，《文苑辯證》作「十」。

（6）班女扇，漢成帝妃班婕妤失寵後，作《團扇》詩，以秋扇見棄自喻，後比喻失寵者。

（7）曹，群，眾。《廣韻・豪韻》:「曹，眾也；群也。」《左傳》昭公十二年:「周原伯絞虐其輿臣，使曹逃。」杜預注:「曹，群也。」儷，《類聚》作「灑」。

（8）彤闈，朱漆宮門，借指朝廷。《文選・謝朓〈酬王晉安〉》:「日旰坐彤闈。」

（9）鶬鴰，《抱朴子・外篇・守塉》：「鶬鴰傲蓬林以鼓翼。」《文選・東方朔〈答客難〉》：「譬若鶬鴰，飛且鳴矣。」

（10）鶋鶋，烏鴉的別名。《爾雅・釋鳥》：「鸒斯、鶋鶋。」郭璞注：「鴉烏也，小而多群，腹下白，江東亦呼爲鶋烏。」

（11）自得，自得其樂。《漢書・賈誼傳》：「誼既以適去，意不自得。」《文選・何晏〈景福殿賦〉》：「莫不優游以自得，故淡泊而無所思。」

（12）玉署，翰林院的別稱。

（13）石扉，石門。

（14）緗綺，淺黃色的絲綢。

（15）闈，尚書省的門。《文選・左思〈蜀都賦〉》：「宣化之闥，崇禮之闈。」注：「劉曰：『宣化、崇禮，皆闈闥之門也。』」本作「圍」，依《文苑》改。《古詩紀》作「圍」。

（16）風露，風及露。《韓非子・解老》：「時雨降集，曠野閒靜，而以昏晨犯山川，則風露之爪角害之。」

（17）笨車，粗陋而不加裝飾的車。《宋書・顏延之傳》：「常乘羸牛笨車，逢竣鹵簿，即屏往道側。」

（18）高蓋，車蓋高的車。《文選・張衡〈東京賦〉》：「結飛雲之袷輅，樹翠羽之高蓋。」

（19）機，機巧。

詠風詩（1）（四言）

嫋嫋秋聲（2），習習春吹（3）。鳴茲玉樹（4），煥此銅池（5）。羅帷自舉（6），袖衿乃披（7）。慚非楚侍，濫賦雄雌。

注釋：

（1）此篇錄自《藝文類聚》卷一，以《文苑英華》、《錦繡萬花谷》、《古詩紀》比勘。

（2）嫋嫋：吹拂貌。《楚辭・九歌・湘夫人》：「嫋嫋兮秋風，洞庭波兮木葉下。」

（3）習習：微風和煦貌。《詩經・小雅・谷風》：「習習谷風，維陰及雨。」毛傳：

「習習，和調之貌。」春，《文苑》作「風」。

（4）茲，《萬花谷》作「弦」。玉樹：美樹也。虞世南《詠日午詩》：「玉樹陰初正，桐圭影未斜。」

（5）煥，光明，燦爛。《文苑》、《萬花谷》作「渙」，《文苑》云：「一作煥。」「渙」與「煥」通。銅池：簷下承接雨水的銅槽。《漢書・宣帝紀》：「金芝九莖產於函德殿銅池中。」顏師古注：「銅池，承溜是也，以銅爲之。」

（6）羅帷：絲織之緯帳也。《說苑・善說》：「居則廣廈邃房，下羅帷來清風。」《文選・宋玉〈風賦〉》：「躋於羅帷，經於洞房。」

（7）袖衿，衫袖與衣襟也。，與「襟」同。《詩經・鄭風・子衿》：「青青子衿。」傳：「青衿，青領也。」孔穎達疏：「《釋器》云：『衣皆謂之襟。』李巡曰：『衣皆衣領之襟。』孫炎曰：『襟，交領也。』衿與襟音義同，衿是領之別名，故云青衿青領也。」釋文：「衿，本亦作襟。」

詠百舌詩（1）

山人惜春暮（2），旭旦坐花林（3）。復値懷春鳥，枝間弄好音。遷喬聲逈出（4），赴谷響幽深。下聽長而短，時聞絕復尋。孤鳴若無對，百囀似群吟（5）。昔聞屢歡昔，今聽忽悲今。聽聞非殊異（6），遲暮獨傷心（7）。

注釋：

（1）此篇錄自《藝文類聚》卷九十二，以《文苑英華》卷三百二十九、《古詩紀》卷八十七比勘。

（2）山人，隱士。

（3）旭旦，初升的太陽。南朝梁任昉《苦熱詩》：「旭旦煙雲卷，烈景入東軒。」花林，花樹林。

（4）逈出，突出。逈，《文苑》、《古詩紀》作「迥」。

（5）百囀，群鳥宛囀得鳴叫。囀，鳥婉轉地叫。《玉篇・口部》：「囀，鳥鳴也。」

（6）聽聞，《文苑》作「聞聽」。

（7）遲暮，晚年。以日暮謂人之衰者。《顏氏家訓・勉學》：「便稱遲暮。」

詠素蝶詩（1）

隨蜂遶綠蕙（2），避雀隱青薇（3）。映日忽爭起，因風乍共歸。出沒花中見，參差葉際飛。芳華幸勿謝（4），嘉樹欲相依。

注釋：

（1）此篇錄自《初學記》卷三十，以《古詩紀》卷八十七比勘。

（2）遶，圍繞，亦作「繞」。《廣韻・小韻》：「遶，圍繞。」蕙，香草名。《楚辭・離騷》：「余既滋蘭九畹兮，又樹蕙之百畝。」

（3）薇，野菜。《說文・艸部》：「薇，菜也。」《詩經・召南・草蟲》：「陟彼南山，言采其薇。」毛傳：「薇，菜也。」《史記・伯夷列傳》：「隱於首陽山，采薇而食之。」

（4）幸，親近，寵愛。

和詠歌人偏得日照詩（1）

獨明花裏翠（2），偏光粉上津（3）。屢將歌罷扇，回（4）拂影中塵。

注釋：

（1）此篇錄自《初學記》卷十五，以《錦繡萬花谷》、《古詩紀》比勘。《萬花谷》後三十二作「劉孝綽詩」。

（2）翠，鮮明。

（3）津，汗水。《素問・調經論》：「人有精氣津液。」注：汗出湊理，是謂津。

（4）回，與「廻」同，回頭。《正字通》：「廻同回，蓋回，即雷、水回爲回，後人欲別之加廻。」《萬花谷》、《古詩紀》作「廻」。

於座應令詠梨花（1）

玉壘稱津潤（2），金谷詠芳菲（3）。詎匹龍樓下（4），素葉映華扉（5）。雜雨疑霰落（6），因風似蝶飛。豈不憐飄墜，願入九重闈（7）。

注釋：

（1）此篇錄自《初學記》卷二十八，以《藝文類聚》卷八十六、《古詩紀》卷八十七比勘。《類聚》卷八十六作「詠梨花應令」。

（2）津潤，濕潤。《文選・左思〈蜀都賦〉》：「紫梨津潤，樼栗罅發。」注：「良曰：『津潤，梨中含水也。』」

（3）金谷，指仕宦文人遊宴的場所。何遜《車中見新林分別甚盛》：「金谷賓遊盛，青門冠蓋多。」詠，《類聚》作「訪」。

（4）詎，怎麼。《廣韻・語韻》：「詎，豈也。」匹，配合。《爾雅・釋詁》：「匹，合也。」《類聚》作「疋」。龍樓，漢太子宮門名。《文選・王融〈三月三日曲水詩序〉》：「出龍樓而問豎，入虎闈而齒胄。」注：「翰曰：『龍樓，漢太子門名也。』」

（5）葉，《類聚》作「蕊」，《古詩紀》作「蘂」。華，《類聚》作「朱」。扉，門扇。《爾雅・釋宮》：「闔謂之扉。」刑昺疏：「闔，門扇也，一名扉。」

（6）霰，《釋名・釋天》：「霰，星也。水雪相摶如星而散也。」《廣韻・霰韻》：「霰，雨雪雜。」《類聚》作「露」。

（7）九重，太子居住的地方，王城的門有九重，故稱。《楚辭・九辯》：「豈不鬱陶而思君兮？君之門以九重。」

詠小兒採菱詩（1）

採菱非採菉（2），日暮且盈舠（3）。踟躕未敢進，畏欲比殘桃。

注釋：

（1）此篇錄自《玉臺新詠》卷十，以《古詩紀》比勘。

（2）菉，草名。《集韻》：「菉，草名，或從綠。」

（3）舠，小船。

詠眼詩（1）

含嬌（矄）已合（2），離怨動方開（3）。欲知密中意，浮光逐笑回。

注釋：

（1）此篇錄自《藝文類聚》卷十七，以《先秦漢魏晉南北朝詩》比勘。

（2）（瞹）：目光流盼。

（3）方，本作還，依《先秦漢魏晉南北朝詩》改。

詠姬人未肯出詩 (1)

帷開見釵影，簾動聞釧聲 (2)。徘徊定不出，常羞華燭明。

注釋：

（1）本篇錄自《藝文類聚》卷十八。

（2）釧，臂鐲的古稱。

秋夜詠琴詩 (1)

上宮秋露結 (2)，上客夜琴鳴 (3)。幽蘭暫罷曲 (4)，積雪更傳聲。

注釋：

（1）此篇錄自《初學記》卷十六，以《文苑英華》二百十二、《錦繡萬花谷》後三十二、《古詩紀》卷八十七比勘。《萬花谷》後三十二作「劉孝綽詩」。

（2）上宮，美人居住的地方。《詩・墉風・桑中》：「期我乎桑中，要我乎上宮。」毛傳：「桑中、上宮，所期之地。」《文選・江淹〈別賦〉》：「桑中衛女，上宮陳娥。」

（3）上客，上賓。《禮記・曲禮上》：「食至起，上客起。」《史記・管晏列傳》：「晏子於是延入爲上客。」

（4）幽蘭，即蘭花。《楚辭・離騷》：「戶服艾以盈要兮，謂幽蘭其不可佩。」

詠有人乞牛舌乳不付因餉檳榔詩 (1)

陳乳何能貴，爛舌不成珍。空持渝皓齒 (2)，非但污丹唇 (3)。別有無枝實，曾要湛上人（4）。羞比朱櫻熟（5），詎易紫梨津（6）。莫言蔕中久，當看心裏新。微芳雖不足，含咀願相親。

注釋：

（1）此篇錄自《藝文類聚》卷八十七，以《古詩紀》比勘。餉，饋贈。《說文》：「餉，饋也。從食向聲。」《玉篇》：「餉，饋也。」

（2）渝，變污。《說文》：「渝，變污也，從水，俞聲。」皓，本作「浩」，依《古詩紀》改。

（3）污，《古詩紀》作「汗」。

（4）湛，水名。《集韻》：「湛，水名，在襄城。」

（5）熟，本作「就」，依《古詩紀》改。

（6）詎，曾。《文苑》作「誰」。云：「一作詎。」《文選・陸機〈歎逝賦〉》：「彌年時其詎幾。」

秋雨臥疾詩（1）

賈君傜役少（2），潘生民務稀（3）。及此同多暇，高臥掩重闈（4）。寂寞桑榆晚（5），滂沱曀不晞（6）。電隙時光帳，風簾乍扣扉（7）。

注釋：

（1）此篇錄自《文苑英華》卷一百五十三，以《藝文類聚》卷二，《古詩紀》卷八十七比勘。

（2）賈君，賈誼。此句是賈誼在《過秦論》中建議漢文帝減少傜役。

（3）潘生，潘岳。民務，治理人民的事物。《文選・潘岳〈在懷縣作〉》：「小國寡民務，終日寂無事。」

（4）高臥，悠閒地躺著。《文選・謝朓〈在郡臥病呈沈尚書詩〉》：「淮陽股肱守，高臥猶在茲。」重闈，閨中。《文選・古詩十九首》：「既來不須臾，又不處重闈。」

（5）寂寞，《類聚》、《古詩紀》作「寂寂」。桑榆，日落時光照桑榆樹端，因此指日暮。《文選・左思〈魏都賦〉》：「彼桑榆之末光。」《文選・顏延之〈秋胡詩〉》:「日暮行採歸，物色桑榆時。」李善注:「物色桑榆，言日晚也。」桑榆，《類聚》作「榆桑」,《文苑》云:「集作榆桑。」

（6）滂沱，充溢。《文選・陸機〈吳趨行〉》:「禮讓何濟濟，流化自滂沱。」注:「濟曰:『滂沱，充溢皃。』」曀，天色陰暗。《爾雅・釋天》:「陰而風爲曀。」《釋名・釋天》:「曀，翳也，言掩翳日光使不明也。」《詩經・邶風・終風》:「終風且曀，不日有曀。」毛傳:「陰而風曰曀。」晞，消散。《楚辭・九思・疾世》:「時昢昢兮且旦，塵莫莫兮未晞。」

（7）扣，《古詩紀》作「和」，云:「疑作扣。」

遙見美人採荷詩（1）

菱莖時繞釧（2），棹水或沾妝。不辭紅袖濕，唯憐綠葉香。

注釋：

（1）此篇錄自《玉臺新詠》卷十，以《古詩紀》卷八十七比勘。

（2）菱莖，菱角的莖。釧，臂鐲的古稱。

愛姬贈主人詩（1）

臥久疑妝脫，鏡中私自看（2）。薄黛銷將盡（3），凝朱半有殘（4）。垂釵繞落鬢，微汗染輕紈（5）。同羞不相難（6），對笑更成歡。妾心君自解，掛玉且留冠（7）。

注釋：

（1）此篇錄自《藝文類聚》卷十八，以《古詩紀》比勘。

（2）私自，私下，暗自。

（3）黛，指代婦女眉毛。

（4）朱，此處指紅色的粉。

（5）紈，白色細絹。

（6）羞，難爲情。

（7）掛，擱置。

爲人贈美人詩（1）

巫山薦枕日（2），洛浦獻珠時（3）。一遇便如此，寧關先有期（4）。幸非使君問，莫作羅敷辭（5）。夜長眠復坐，誰知闇斂眉。欲寄同花燭，爲照遙相思。

注釋：

（1）此篇錄自《藝文類聚》卷十八，以《古詩紀》比勘。

（2）薦枕，借指侍寢。《文選・宋玉〈高唐賦〉序》：「昔先王嘗遊高唐，怠而晝寢。夢見一婦人，曰：『妾巫山之女也，爲高唐之客。聞君遊高唐，願薦枕席。』」李善注：「薦，進也，欲親自枕席，求親昵之意也。」

（3）洛浦，洛水之濱。《文選・張衡〈思玄賦〉》：「載大華之玉女兮，招洛浦之宓妃。」曹植《洛神賦》：「於是洛靈感焉，徙倚彷徨，神光離合，乍陰乍陽。竦輕軀以鶴立，若將飛而未翔。踐椒塗之鬱烈，步蘅薄而流芳。超長吟以永慕兮，聲哀厲而彌長。爾乃眾靈雜遝，命儔嘯侶，或戲清流，或翔神渚，或採明珠，或拾翠羽。」

（4）寧，難道。

（5）羅敷，晉崔豹《古今注・音樂》：「陌上桑，出秦氏女子，秦氏邯鄲人，有女名羅敷，爲邑人千乘王人妻，王人後爲趙王家令，羅敷出採桑於陌上，趙王登臺，見而悅之，因飲酒欲奪之，羅敷力彈箏，乃作陌上桑之歌以自明焉。」

遙見鄰舟主人投一物眾姬爭之有客請余爲詠（1）

河流既浼浼（2），河鳥復關關（3）。落花浮浦出（4），飛雉度洲還。此日倡家女（5），競嬌桃李顏（6）。良人惜美珥（7），欲以代芳菅（8）。新縑疑故素（9），盛趙蔑衰班（10）。曳綃爭掩縠（11），搖佩奮鳴環（12）。客心空振蕩，喬枝不可攀（13）。

注釋：

（1）此篇錄自《玉臺新詠》卷八，以《藝文類聚》、《古詩紀》比勘，《類聚》十八作「見鄰舟人投一物眾姬爭之詩」。

（2）浼浼，水盛貌。《詩經・邶風・新臺》：「新臺有酒，河水浼浼。」高亨注：「浼浼，水盛貌。」

（3）關關，鳥和鳴之聲。《詩經・周南・關雎》：「關關雎鳩，在河之洲。」傳：「關關，和聲也。」《文選・張衡〈東京賦〉》：「雎鳩麗黃，關關嚶嚶。」

（4）浦，水邊。《說文》：「浦，水瀕也，從水甫聲。」

（5）倡家女，古代從事音樂歌舞的樂人。《文選・古詩十九首》：「昔為倡家女，今為蕩子婦。」

（6）桃李，形容貌美。《詩經・召南・何彼襛矣》：「何彼襛矣，華如桃李？」

（7）珥，珠玉做的耳飾。

（8）菅，蘭草。

（9）新縑疑故素。漢樂府《上山採蘼蕪》：「新人工織縑，故人工織素。織縑日一匹，織素五丈餘。將縑來比素，新人不如故。」

（10）盛趙蔑衰班。《漢書・班婕妤傳》載，班婕妤，漢班況女，賢才通辯善詩歌，幸成帝，為婕妤，後為趙飛燕所譖，退侍太后於長信宮。趙，趙飛燕，漢成帝的皇后。班，班婕妤。

（11）縠，縐紗。

（12）佩，《類聚》作「珮」。

（13）喬枝，高大的樹枝。喬，《尚書・禹貢》：「厥木惟喬。」傳：「喬，高也。」

賦得照棊燭詩刻五分成（1）

南皮弦吹罷（2），終奕且留賓。日下房櫳闇（3），華燭命佳人。側光全照局（4），回花半隱身。不辭纖手倦（5），羞令夜向晨。

注釋：

（1）此篇錄自《玉臺新詠》卷八，以《初學記》、《古詩紀》比勘。《初學記》二十五作「賦照棊燭詩」。

（2）南皮，指朋友之間雅集遊宴。漢末建安中，魏文帝曹丕與友人吳質等文酒射雉，歡聚於此。遂有此典故。《文選・曹丕〈與朝歌令吳質書〉》：「每念昔日南皮之遊，誠不可忘。」李善注：「《漢書》曰：『渤海郡有南皮縣。』」在今河北省。

（3）房櫳，房的通稱。《文選・張協〈雜詩〉》：「房櫳無行跡，庭草萋以綠。」注：「翰曰：『櫳亦房之通稱。』」

（4）側光，微光。側，輕微。

（5）不，《初學記》作「莫」。倦，本作「卷」，依《古詩紀》改。

武陵王殿下看妓（1）

燕姬奏妙舞（2），鄭女發清歌（3）。回羞出曼臉（4），送態表嚬蛾（5）。寧殊遇行雨（6），詎減見淩波（7）。想君愁日落，應羨魯陽戈（8）。

注釋：

（1）此篇錄自《文苑英華》卷二百一十三，以《玉臺新詠》、《初學記》、《錦繡萬花谷》、《古詩紀》比勘。《玉臺新詠》七作「武陵王紀同蕭長史看妓」，《初學記》十五，《文苑英華》二百十三作「武陵王殿下看妓」，《萬花谷》後三十二作「劉孝綽詩」。武陵王，即蕭紀。此詩或爲蕭紀所作。

（2）燕姬，泛指燕地美女。《文選・鮑照〈舞鶴賦〉》：「當是時也，燕姬色沮，巴童心恥。」注：「良曰：『巴童、燕姬，並善歌舞者。』」

（3）鄭女，鄭袖。戰國時楚懷王后。《文選・傅毅〈舞賦〉》：「於是鄭女出進，二八徐侍。」李善注：「《淮南子》曰：『鼓舞或作鄭舞。』高誘注曰：『鄭褎也。楚王之姬，善歌舞，名曰「鄭舞」。』」

（4）曼，美麗。本作「慢」，依《古詩紀》改。《初學記》、《玉臺新詠》、《萬花谷》作「慢」。

（5）嚬蛾，微皺的眉頭。南朝梁蕭紀《同蕭長史看妓詩》：「回羞出曼臉，送態表嚬蛾。」

（6）遇，《玉臺新詠》作「値」，《初學記》作「遏」。行雨，比喻美女。《文選・

宋玉〈高唐賦〉序》:「昔先王嘗遊高唐,怠而晝寢。夢見一婦人,曰:『妾巫山之女也,爲高唐之客。聞君遊高唐,願薦枕席。』王因幸之。去而辭曰:『妾在巫山之陽,高丘之岨,旦爲朝雲,暮爲行雨,朝朝暮暮,陽臺之下。』」李善注:「朝雲行雨,神女之美也。」

(7) 淩波,比喻美人步履輕盈,如乘碧波而行。《文選・曹植〈洛神賦〉》:「陵波微步,羅襪生塵。」呂向注:「步於水波之上,如生塵也。」

(8) 魯陽戈,指力挽危局的手腕或力量。《淮南子・覽冥訓》:「魯陽公與韓構難,戰酣日暮,援戈而撝之,日爲之反三舍。」

淇上人戲蕩子婦示行事詩(1)

桑中始奕奕(2),淇上未湯湯(3)。美人要雜佩(4),上客誘明璫(5)。日闇人聲靜(6),微步出蘭房(7)。露葵不待勸(8),鳴琴無暇張。翠釵掛已落,羅衣拂更香(9)。如何嫁蕩子,春夜守空床。(10) 不見青絲騎(11),徒勞紅粉妝(12)。

注釋:

(1) 本篇錄自《玉臺新詠》卷八,以《藝文類聚》、《古詩紀》比勘。《類聚》十八作「淇上戲蕩子婦」。

(2) 奕奕,光明也。《文選・張衡〈東京賦〉》:「六玄虯之奕奕。」注:「綜曰:『奕奕,光明。』」

(3) 淇,淇水,在河南省北部,古爲黃河支流,南流至今,汲縣東北,淇門鎮南入河。湯湯,水流盛大貌。《詩經・衛風・氓》:「淇水湯湯,漸車帷裳。」

(4) 雜佩,連綴在一起的各種佩玉。《詩經・鄭風・女曰雞鳴》:「知子之來之,雜佩以贈之。」毛傳:「雜佩者,珩璜、琚、瑀、沖牙之類。」

(5) 璫,古代婦女的耳飾。《文選・曹植〈洛神賦〉》:「無微情以效愛兮,獻江南之明璫。」

(6) 闇,《類聚》作「暗」。

(7) 微步,緩步。《文選・曹植〈洛神賦〉》:「陵波微步,羅襪生塵。」注:「向曰:『微步,輕步也。』」蘭房,香閨。舊時婦女所居之室。《文選・潘岳〈哀永逝文〉》：「委蘭房兮繁華，襲窮泉兮朽壤。」注：「濟曰：『蘭房，妻嘗所居室也。』」出，《類聚》作「上」。

（8）勸，助長，輔助。

（9）羅衣，綺羅之衣。《文選・曹植〈洛神賦〉》：「披羅衣之璀粲兮，珥瑤碧之華琚。」

（10）蕩子，遠行不歸有如流蕩之人。《文選・古詩十九首》：「昔為倡家女，今為蕩子婦。蕩子行不歸，空床難獨守。」李善注：「《列子》曰：『有人去鄉土，遊於四方而不歸者，世謂之為狂蕩之人也。」江淹《詩》：「蕩子從征久，洞房簫管閒。」

（11）青絲，馬繮繩。不，《類聚》作「未」。

（12）紅粉妝，紅粉之妝扮。《文選・古詩十九首》：「娥娥紅粉妝，纖纖出素手。」

擬古詩（1）

少知雅琴好（2），好聽雅琴聲。雅琴不可聽，一聽一沾纓。

注釋：

（1）此篇錄自《何遜集》卷二，以《古詩紀》比勘。

（2）雅琴，古琴的一種。《文選・司馬相如〈長門賦〉》：「援雅琴以變調兮，奏愁思之不可長。」

望月詩（1）

輪光缺不半，扇影出將圓。流光照漭瀁（2），波動映淪漣（3）。

注釋：

（1）此篇錄自《藝文類聚》卷一，以《古詩紀》比勘。

（2）漭瀁，廣大貌。

（3）淪漣，水波。

賦得始歸雁詩 (1)

洞庭春水綠，衡陽旅雁歸。差池高復下，欲向龍門飛 (2)。

注釋：

（1）此篇錄自《藝文類聚》卷九十一，以《初學記》、《錦繡萬花谷》、《古詩紀》比勘。《萬花谷》後四十作「劉孝綽詩」。

（2）龍門，比喻聲望高的人的府第。《後漢書・李膺傳》：「膺獨持風裁，以聲名自高，士有被其容接者，名爲登龍門。」注：「辛氏《三秦記》：『河津，一名龍門，水險不通，魚鼈之屬莫能上，上則爲龍也。』

元廣州景仲座見故姬詩 (1)

留故夫，不峙嶧 (2)，別待春山上，相看採靡蕪 (3)。

注釋：

（1）此篇錄自《玉臺新詠》卷九，以《古詩紀》卷八十七比勘。元景仲，元法僧之子。拜侍中右衛將軍，出爲持節，都督廣越等十三州諸軍事，宣惠將軍，平越中郎將，廣州刺史。侯景之亂，兵敗，自縊而死。

（2）峙嶧，躑躅，徘徊不前，猶疑不定。《古詩紀》作「踟躕」。

（3）靡蕪，草名。葉有香氣。漢樂府《上山採靡蕪》：「上山採靡蕪，下山逢故夫。長跪問故夫，新人復何如。新人雖言好，未若故人姝。」此句是對故姬的懷戀。

釣竿篇 (1)

釣舟畫彩鷁 (2)，漁子服冰紈 (3)。金轄茱萸網，銀鈎翡翠竿。斂橈隨水脈 (4)，急槳渡江湍 (5)。湍長自不辭，前浦有佳期 (6)。船交橈影合 (7)，浦深魚出遲。荷根時觸餌，菱芒乍罥絲 (8)。蓮度江南手 (9)，衣渝京兆眉 (10)。垂竿自有樂，誰能爲太師 (11)。

注釋：

（1）此篇錄自《樂府詩集》卷十八，以《文苑英華》、《藝文類聚》、《古詩紀》比勘。《樂府詩集》卷十八魏文帝《釣竿》引崔豹《古今注》曰：「釣竿者，伯常子避仇河濱爲漁者，其妻思之而作也。每至河側輒歌之。後司馬相如作《釣竿詩》，遂傳爲樂曲。」

（2）彩鷁：畫鷁於船首以禦水患。《藝文類聚》作采。陳張正見《上之回》：「風烏繞鳷鵲，彩鷁照昆明。」唐李嶠《汾陰行》：「棹歌微吟彩鷁浮，簫鼓哀鳴日雲秋。」

（3）漁，《類聚》作「魚」。冰紈：絹之細潔者。《漢書》卷二十八下：桓公用管仲，設輕重以富國，合諸侯成伯功，身在陪臣而取三歸。故其俗彌侈，織作冰紈綺繡純麗之物，號爲冠帶衣履天下。如淳曰，紈，白熟也，純緣也。謂絛組之屬也，麗好也。臣瓚曰，冰紈，紈細密堅如冰者也。純麗溫純美麗之物也。師古曰，如說非也。冰謂布帛之細，其色鮮絜如冰者也。紈素也，綺，文繒也，即今之所謂細綾也。純，精好也，麗華靡也紈音丸純音淳。

（4）斂橈，《文苑》作促棹，注云，一作斂橈。水脈：水流。

（5）槳，《文苑》作「艇」。江，《類聚》作「沙」。湍，《文苑》云，一作「急槳渡沙湍」。

（6）佳期：佳辰，佳節。

（7）船，《類聚》作「蓮」。橈，《類聚》作「棹」，《文苑》云，一作棹。

（8）菱，即菱角。《楚辭．招魂》：「《涉江》《採菱》，發《揚荷》些。」芒，草的末端。《呂氏春秋．審時》：「得時之稻，大本而莖葆，長稠疏穖，穗如馬尾，大粒無芒。」罥，掛也。《玉篇》：「罥，掛也，系取也。」《文選．木華〈海賦〉》：「或掛罥於岑嶅之峰。」李善注：「《聲類》曰，罥，系也。」

（9）江南，即南朝統治下的地區，南北朝時，南朝與北朝隔江對峙，故稱。《文選．謝朓〈鼓吹曲〉》：「江南佳麗地，金陵帝王州。」

（10）渝，變污也。《說文》：「渝，變污也，從水俞聲。」段玉裁注：「許謂瀞而變污。」京兆眉：此處應指代女子。漢代張敞爲其婦畫眉。《漢書．張敞傳》：「敞爲京兆，……又爲婦畫眉，長安中，傳張京兆眉嫵。有司以奏敞，上問之，對曰：『臣聞閨房之內，夫婦之私，有過於畫眉者。』」

（11）太師，呂尚。《史記 32．齊太公世家第二》：「太公望呂尚者，東海上人。

其先祖嘗爲四嶽，佐禹平水土甚有功。虞夏之際封於呂，或封於申，姓姜氏。夏商之時，申、呂或封枝庶子孫，或爲庶人，尙其後苗裔也。本姓姜氏，從其封姓，故曰呂尙。」

棹歌行（1）

日暮楚江上，江深風復生。所思竟何在，相望徒盈盈（2）。舟子行催棹（3），無所喝流聲。

注釋：

（1）此篇錄自《樂府詩集》卷四十，以《古詩紀》比勘。棹歌行：樂府相和歌辭瑟調曲名。《樂府詩集・相和歌辭十五・棹歌行》，郭茂倩題解：「晉樂，奏魏明帝辭云：『王者布大化』，備言平吳之勳。若晉陸機『遲遲春欲暮』，梁簡文帝『妾住在湘川』，但言乘舟鼓棹而已。」

（2）盈盈，充積貌，充盈貌。宋張孝祥《雨中花慢》詞：「神交冉冉，秋思盈盈，魂斷欲遣誰詔。」

（3）舟子，船夫。《詩經・邶風・匏有苦葉》：「招招舟子，人涉卬否。」毛傳：「舟子，舟人，主濟渡者。」

東林寺詩（1）

月殿耀朱幡（2），風輪和寶鐸（3）。朝猿響甍棟（4），夜水聲帷箔（5）。

注釋：

（1）此篇錄自《廬山記》四。云：「未見全篇。」東林寺，寺名，在今江西廬山。晉太元中，慧遠法師在江州刺史桓伊資助下建成。宋改名爲太平興國寺。

（2）月殿，月宮。梁簡文帝《玄圃園講頌》序：「風生月殿，日照槐煙。」朱幡，紅色的旗幡，尊顯者用。李益《大禮畢皇帝御丹鳳門改元建中大赦詩》：「靈雞鼓舞承天赦，高翔百尺重朱幡。」

（3）風輪，寺觀建築上一種裝飾物，靠風力轉動發聲，即風鈴。寶鐸，佛殿或寶塔簷端懸掛的大鈴。昭明太子《講席詩》：「寶鐸且參差，名香晚芬鬱。」

（4）甍棟，屋梁。班固《薦謝夷吾表》:「社稷之蓍龜，大漢之甍棟。」

（5）帷箔，帷幕和簾子。

詩（1）

行衣侵曉露（2），征舠犯夜湍（3）。無因停合浦，見此去珠還（4）。

注釋：

（1）此篇錄自《韻補》二。

（2）行衣，出行所穿的服裝。韓翃《送孫革及第歸江南詩》:「荷香隨去棹，梅雨點行衣。」

（3）征舠，遠行的小船。

（4）無因停合浦，見此去珠還。無因，沒有機緣。《楚辭・遠遊》:「質菲薄而無因兮，焉託乘而上浮。」《後漢書・循吏傳・孟嘗》:「〔合浦〕郡不產穀寶，而海出珠寶，與交址比境……先時宰守並多貪穢，詭人採求，不知紀極，珠遂漸徙於交趾郡界。於是行旅不至，人物無資，貧者死於道。嘗到官，革易前敝，求民病利。曾未踰歲，去珠復還，百姓皆反其業。」合浦，古郡名。在今廣西壯族自治區合浦縣東北。

賦詠百論捨罪福詩（1）

尋因途乃異（2），及捨趣猶並。苦極降歸樂，樂極苦還生。豈非輪轉愛（3），皆緣封著情（4）。一知心相濁（5），樂染法流清（6）。

注釋：

（1）此篇錄自《廣弘明集》卷三十，以《古詩紀》比勘。百論，佛書名。提婆造，天親釋。梵本有二十三品，品五偈，合有百偈，故稱百論。

（2）尋，經常。

（3）輪轉，輪迴。沈約《內典・序》:「妙法輪轉，甘露啓霏。」

（4）封著，執著。《百喻經・寶篋鏡喻》:「如值寶篋，爲身見鏡之所惑亂，妄見有我，即便封著，謂是眞實，於是墮落，失諸功德。」

（5）一知，一悟。《景德傳燈錄・汾州大達無業國師》:「設有悟理之者有一知，不解不知，是悟中之則，入理之門。」心相，指能感知之心。

（6）法流，相續不絕的佛法。

文

爲鄱陽嗣王初讓雍州表（1）

臣聞大邦維屏（2），既慚宗子之詩（3）；思樂頖宮（4），有缺僖公之頌（5）。特以周興九伯（6），錫壤參虛（7）。漢啓二河，分珪舊楚（8）；身私家慶（9），總集微躬（10）。雍部襟帶（11），跨制數州；西拒嶢關（12），北跨鄧塞（13）。雖復呼韓來朝（14），稾街納質（15）；二虜尋戈，四郊無警。猶當王戎雅識（16），羊祜尚義（17）。臣退求諸己，無或宴安（18）；進思盡忠，幾乎私竭。

注釋：

（1）本文錄自《初學記》卷十，以《漢魏六朝百三名家集・劉秘書集》（簡稱《劉秘書集》）、《全上古三代秦漢三國六朝文》（簡稱嚴輯《全文》）卷六十比勘。雍州，今陝西、甘肅、青海等地。鄱陽嗣王，蕭範。

（2）維，維護。《韓非子・心度》：「故民樸而禁之以名則治，世知維之以刑則從。」屏，用來作保衛之用的城。《左傳》襄公二十九年：「晉國不恤周宗之闕，而夏肆是屏。」杜預注：「屏，城也。」

（3）宗子，古代宗法制度稱大宗的嫡長子。《詩經・大雅・板》：「懷德維寧，宗子維城。」鄭玄箋：「宗子，謂王之適子。」

（4）頖宮，諸侯所設立的大學，即泮宮。《禮記・王制》：「天子曰辟廱，諸侯曰頖宮。」頖，《劉秘書集》作「泮」。

（5）僖公，《史記・魯周公世家》：「季友聞之，自陳與愍公弟申如邾，請魯求內之。魯人欲誅慶父。慶父恐，奔莒。於是季友奉子申入，立之，是爲釐公。」《索隱》：「愍公弟名申，成季相之，魯國以理，於是魯人爲僖公作《魯頌》。」

（6）九伯，九州島之伯。《左傳》僖公四年：「五侯九伯，女實徵之，以夾輔周室。」

（7）錫壤，賜予土地。《文選・王褒〈聖主得賢臣頌〉》：「剖符錫壤。」參虛，二十八星宿中參虛二星。《左傳》昭公十五年：「唐叔受之以處參虛。」

（8）分珪，即析圭，古代帝王按爵位高低分頒玉圭。

（9）身，《全文》作「自」。家慶，久別歸家拜見家長。

（10）總集，全部集合。《詩・陳風・東門之枌》：「穀旦于逝，越以鬷邁。」疏：「以鬷爲總，言於是男女總集而合行也。」

（11）雍，有，聚。《戰國策・秦策・謂秦王》：「雍天下之國。」注：「雍，有也。」

（12）嶢關，陝西省藍田縣。《太平寰宇記》卷二十六：「周明帝自嶢關移置清泥故城側，改曰青泥關，武帝建德二年改爲藍田關。」

（13）鄧塞，城名，在湖北省襄陽縣東。《水經注・淯水注》：「鄧塞，即鄧城東南小山也。方俗名之爲鄧塞，昔孫文臺破黃祖於其下。」

（14）呼韓，即呼韓邪。《文選・張衡〈東京賦〉》：「戎狄呼韓來享。」漢時匈奴的單于。

（15）稾街，漢代長安城南門內街名。蠻夷及處刑罪人所居之地。

（16）王戎，竹林七賢之一，琅琊臨沂人，《晉書》卷四十三有傳。

（17）羊祜，晉南城人，字叔子，武帝時累官尚書右僕射，都督荊州諸軍事，鎮襄陽。後陳法吳之計，舉杜預自代。在鎮時常輕裘緩帶，身不披甲，與陸抗對境，務修德，吳人懷之。《晉書》卷三十四有傳。祜，本作「祐」，依《劉秘書集》改。

（18）宴安，自逸也。

東宮禮絕傍親議（1）

案張鏡撰《東宮禮記》（2），稱「三朝發哀者（3），踰月不舉樂（4）；鼓吹寢奏，服限亦然」。尋傍絕之義，義在去服，服雖可奪，情豈無悲？鐃歌輟奏，良亦爲此。既有悲情，宜稱兼慕，卒哭之後，依常舉樂，稱悲竟（5），此理例相符（6）。謂猶應稱兼慕（7），至卒哭（8）。

注釋：

（1）本文錄自《梁書・昭明太子傳》，以《南史・昭明太子傳》、嚴輯《全文》、《劉秘書集》比勘。傍親，傍系之親族。《晉書・河間王洪傳》：「義不得替其本宗，而先後傍親。」

（2）張鏡，暢從弟，元嘉中新安太守。

（3）三朝，三主。

（4）踰，超過。《淮南子・主術訓》：「夫疾呼不過聞百步，志之所在，踰於千里。」高誘注：「踰，猶過也。」

（5）竟，完畢。《玉篇・音部》：「竟，終也。」《漢書・韓信傳》：「公，小人，爲德不竟。」

（6）《全文》於「此」後句讀。

（7）慕，思。《楚辭・九章・懷沙》：「湯禹久遠兮，邈而不可慕。」注：「慕，思也。」《孟子・萬章上》：「人少，則慕父母。」注：「慕，思慕也。」

（8）《南史》作「請至卒哭」。

謝爲東宮奉經啓（1）

皇太子四術夙知（2），三善非學（3），猶復旁求儒雅（4），應物稽疑（5），業光夏校，德茂周庠（6）。諸侯宋魯，於焉觀則（7），參陪盛禮，莫匪國華（8）。臣雖職典經圖，而同官不一，推擇而舉，尚多髦俊（9），寵光曲被（10），獨在選中。他日朝聞，猶甘昔死（11）；況茲恩重，彌見生輕（12）。

注釋：

（1）本文錄自《藝文類聚》卷五十五，以《初學記》卷二十一、《劉秘書集》、嚴輯《全文》卷六十比勘。

（2）四術，詩書禮樂。《禮記・王制》：「樂正崇四術，立四教，順先王詩書禮樂以造士，春秋教以禮樂，冬夏教以詩書。」夙，早。《詩・齊風・東方未明》：「折柳樊圃，狂夫瞿瞿，不能辰夜，不夙則莫。」毛傳：「夙，早；莫，晚。」

（3）三善，臣事君，子事父，幼者事長者。《禮記・文王世子》：「行一物而三善皆得者，唯世子而已，……父子、君臣、長幼之道得而國治。」

（4）儒雅，氣度雍容，學問深湛。《漢書・張敞傳》：「其政頗雜儒雅，往往表賢顯善，不醇用誅罰，以此能自全，竟免於刑戮。」《論衡・難歲》：「是以儒雅服從，工伎得勝。」

（5）應物，待人。稽疑，辨惑。《尚書・洪範》：「七，稽疑，擇建立卜筮，乃命卜筮。」

（6）夏校、周庠，夏、周代學校名。《孟子・滕文公上》：「夏曰校，殷曰序，周曰庠。」庠，本作「序」，依《初學記》改。

（7）則，之。《詩・齊風・雞鳴》：「匪雞則鳴，蒼蠅之聲。」

（8）莫匪，沒有哪個不是。《詩・小雅・烝民》：「立我烝民，莫匪爾極。」

（9）髦俊，才智出眾的人。《漢書・敘傳下》：「疇咨熙載，髦俊並作。」《文選・陸機〈演連珠〉》：「髦俊之才，世所希乏。」注：向曰：「髦俊，俊人也。」

（10）寵光，寵異的光榮。《左傳》昭公十二年：「宴語之不懷，寵光之不宣，令德之不知，同福之不受，將何以在？」寵，《初學記》作「龍」。

（11）他日朝聞，猶甘昔死。《論語・里仁》：「朝聞道，夕死可矣。」

（12）彌，更加。《廣韻・支韻》：「彌，益也。」《論語・子罕》：「顏淵喟然歎曰：『仰之彌高，鑽之彌堅。』」

謝西中郎諮議啓（1）

臣不能銜珠避顛（2），傾柯衛足（3），以茲疏幸（4），與物多忤（5）。兼逢匿怨之友（6），遂居司隸之官（7），交構是非（8），用成萋斐（9）。日月昭回（10），俯明枉直（11）。獄書每御（12），輒鑒蔣濟之冤（13）；炙發見明，非關陳正之辯（14）。遂漏斯密網，免彼嚴棘，得使還同士伍（15），比屋唐民（16），生死肉骨（17），豈侔其施（18）。臣誠無識，孰不戴天（19）。疏遠畝隴，絕望高闕（20），而降其接引（21），憂以旨喻，於臣微物，足為榮隕（22）。況剛條落葉（23），忽沾雲露；周行所寘（24），復齒盛流（25）。但雕朽杇糞（26），徒成延獎（27）；捕影係風（28），終無效答（29）。

注釋：

（1）此篇錄自《梁書・劉孝綽傳》，以《劉秘書集》、嚴輯《全文》比勘。《劉秘書集》作「謝高祖啓」。西中郎，梁元帝蕭繹。

（2）銜珠，相傳曾有鶴爲獵人所射，噲參醫其瘡，愈而放之，後鶴夜到門外，參執燭視之，見鶴雌雄至，各銜明珠以報參。放鶴後，鶴銜明珠參報。事見《淮南子・覽冥訓》漢高誘注。漢焦贛《焦氏易林・謙之泰》：「白鶴銜珠，夜食爲明。懷吾德音，身受光榮。」避顚，躲避，逃避。

（3）傾柯衛足，指善於保護自己。《左傳》成公十七年：「仲尼曰：『鮑莊子之知不如葵，葵猶能衛其足。」杜預注：「葵傾葉向日，以蔽其根。」

（4）幸，寵愛。《後漢書・黃香傳》：「在位多所薦達，寵遇甚盛，議者譏其過幸。」幸，《劉秘書集》作「倖」。

（5）忤，觸犯。《史記・魏其武安侯列傳》：「灌將軍得罪丞相，與太后家忤，寧可救邪？」

（6）匿怨，內心相怨，而不外露。《論語・公冶長》：「匿怨而友其人，左丘明恥之，丘亦恥之。」何晏《集解》引孔安國曰：「內心相怨，而外詐親。」

（7）司隸，官名。周禮秋官之屬，掌帥五隸以給勞役捕盜賊之事。《周禮・秋官》：「司隸掌五隸之法，辨其物而掌其政令。帥其民而搏盜賊，役國中之辱事，爲百官積任器。凡囚執人之事，邦有祭祀、賓客、喪紀之事，則役其煩辱之事，掌帥四翟之隸，使之皆服其邦之服，執其邦之兵，守王宮與野舍之厲禁。」

（8）交構，互相構禍。《三國志・吳書・陸遜傳》：「琮子寄果阿附魯王，輕爲交構。」

（9）萋斐，比喻讒言。《詩經・小雅・巷伯》：「萋兮斐兮，成是貝錦。萋兮斐兮，成是貝錦！」斐，《劉秘書集》作「菲」。

（10）昭回，指星辰光耀回轉。《詩經・大雅・雲漢》：「倬彼雲漢，昭回于天。」朱熹集傳：「昭，光也。回，轉也。言其光隨天而轉也。」

（11）俯，敬詞。枉直，曲直。《論語・爲政》：「舉直錯諸枉。」

（12）獄，罪。《國語・鄭語》：「褒人褒姁有獄，而以爲大於王，王遂置之，而嬖是女也，使至於爲后而生伯服。」御，進呈。《廣雅・釋詁二》：「御，進也。」《詩・小雅・六月》：「飲御諸友，炰鼈膾鯉。」毛傳：「御，進也。」

（13）蔣濟，字子通，楚國平阿人。建安中仕郡計吏州別駕，拜丹陽太守，尋爲揚州別駕，免。曹公爲丞相，辟爲主簿，徙西曹屬。文帝即王位，轉相國長史。及受禪，出爲東中郎將，進散騎常侍，後復爲東中郎將，徵拜尙書。明帝時封關內侯，遷中護軍，又遷護軍將軍。齊王即位，徙領軍將軍，進封昌陵亭侯，遷太尉。曹爽誅，進封都鄉侯。卒，謚曰景侯。《三國志》卷十四有傳。《三國志・魏書・蔣濟傳》云：「民有誣告濟爲謀叛主率者，太祖聞之，指前令與左將軍于禁、沛相封仁等曰：『蔣濟寧有此事！有此事，吾爲不知人也。此必愚民樂亂，妄引之耳。』促理出之。」

（14）陳正，三國時人。《三國志・吳書・孫和傳》云：「權欲廢和立亮，無難督陳正、五營督陳象上書，稱引晉獻公殺申生，立奚齊，晉國擾亂。又據、晃固諫不止。權大怒，族誅正、象，據、晃牽入殿，杖一百。」

（15）士伍，兵卒之伍。《史記・白起傳》：「武安君遂稱病篤。應侯請之，不起。於是免武安君爲士伍，遷之陰密。」《漢書・景帝紀》：「奪爵爲士伍。」顏師古注：「謂奪其爵令爲士伍，又免其官職，即今律所謂除名也。謂之士伍者，言從士卒之伍也。」

（16）唐，廣大，浩蕩。《莊子・天下》：「莊周聞其風而悅之，以謬悠之說，荒唐之言，無端崖之辭，時恣縱而不倘，不以觭見之也。」陸德明《經典釋文》：「荒唐，謂廣大無域畔者也。」

（17）生死肉骨，《左傳》襄公二十二年：「吾見申叔，夫子所謂生死而肉骨也。」肉骨，《全文》作「骨肉」。

（18）侔，求。《韓非子・五蠹》：「蓄積待時，而侔農夫之利。」《管子・宙合》：「賢人之處亂世也，知道之不可行，則沉抑以辟罰，靜默以侔免。」戴望校正：「侔，取也。」

（19）戴天，存在於人世。《禮記・曲禮上》：「父之讎，弗與共戴天。」

（20）疏遠畝隴，絕望高闕。高闕，高大之宮闕。畝隴，農田。《後漢書・馮衍傳下》：「疏遠壟畝之臣，無望高闕之下。」

（21）接引，接見引導。《宋書・張敷傳》：「少有盛名，高祖見而愛之，以爲世子中軍參軍，數見接引。」

（22）隕，毀壞。《淮南子・覽冥訓》：「庶女叫天，雷電下擊，景公臺隕，支體傷折，海水大出。」高誘注：「隕，壞也。」

（23）剛條，堅硬的樹枝。

（24）周行所賔，《詩・周南・卷耳》：「采采卷耳，不盈頃筐。嗟我懷人，賔彼周行。」

（25）齒，重視。盛流，名流。《宋書・武帝紀》：「高祖名微位薄，盛流則不與相知。」

（26）雕朽杇糞，《論語・公冶長》：「朽木不可雕也，糞土之牆不可杇也。」杇，《全文》作「污」。

（27）延獎，引進獎賞。

（28）捕影係風，《漢書・郊祀志下》：「聽其言，洋洋滿耳，若將可遇；求之，蕩蕩如係風捕景，終不可得。」

（29）效答，獲致效果。

謝東宮啓（1）

臣聞之，先聖以「眾惡之，必察焉；眾好之，必察焉（2）。」豈非孤特則積毀所歸（3），比周則積譽斯信（4）？知好惡之間，必待明鑒。故晏嬰再為阿宰（5），而前毀後譽。後譽出於阿意（6），前毀由於直道。是以一犬所噬（7），旨酒貿其甘酸（8）；一手所搖，嘉樹變其生死（9）。又鄒陽有言（10），士無賢愚（11），入朝見嫉。至若臧文之下展季（12），靳尚之放靈均（13），絳侯之排賈生（14），平津之陷主父（15），自茲厥後（16），其徒實繁。曲筆短辭（17），不暇殫述（18），寸管所窺（19），常由切齒（20）。殿下誨道觀書，俯同好學，前載枉直（21），備該神覽（22）。臣昔因立侍，親承緒言（23），飄風貝錦（24），譬彼讒慝（25），聖旨殷勤（26），深以為歎。臣資愚履直（27），不能杜漸防微（28），曾未幾何（29），逢訧罹難（30）。吹毛洗垢（31），在朝則同嗟（32）；而嚴文峻法（33），肆奸其必奏（34）。不顧賣友，志欲要君（35），自非上帝運超己之光，昭陵陽之虐（36），舞文虛謗（37），不取信於宸明（38），在縲嬰纆（39），幸得鐲於庸暗（40）。裁下免黜之書（41），仍頒朝會之旨（42）。小人未識通方（43），縶馬懸車（44），息絕朝覲（45）。方顧滅影銷聲，遂移林谷（46）。不悟天聽罔己（47），造次必彰（48），不以距違見疵（49），復使引籍雲陛（50）。降寬和之色（51），垂布帛之言，形之千載，所蒙已厚；況乃恩等特召，榮同起家（52），望古自惟，彌覺多忝。但未渝丹石（53），永藏輪軌，相彼工言（54），構茲媒諓（55）。且款冬而生（56），已凋柯葉（57），空延德澤（58），無謝陽春（59）。

注釋：

（1）本文錄自《梁書・劉孝綽傳》，以《劉秘書集》、《嚴輯《全文》比勘。《劉秘書集》作「與東宮啓」。

（2）《論語・衛靈公》:「子曰，眾惡之，必察焉，眾好之，必察焉。」

（3）孤特，孤單。《管子・明法解》:「故法廢而私行，則人主孤特而獨立，人臣群黨而成朋。」積，多。《漢書・食貨志》:「夫縣法以誘民，使入陷阱，孰積於此。」注:「積，多也。」積毀，積聚很多譭謗。《史記・張儀列傳》:「眾口鑠金，積毀銷骨。」

（4）比周，結黨營私。《管子・立政》:「群徒比周之說勝，則賢不肖不分。」

（5）晏嬰，字平仲，或云字仲，謚曰平，萊之夷維人，晏桓子弱之子。歷事齊靈公、莊公、景公爲大夫，有《晏子春秋》七卷。《史記》卷六十二有傳。

（6）阿意，迎合他人的意旨。《史記・張釋之馮唐傳》:「守法不阿意。」《漢書・公孫賀傳贊》:「阿意苟合，以說其上。」

（7）噬，吃。《方言》卷十二:「噬，食也。」

（8）旨酒，美酒。《詩經・小雅・鹿鳴》:「我有旨酒，以燕樂嘉賓之心。」貿，改變。《淮南子・詮言訓》:「公孫龍粲於辭而貿名，鄧析巧辯而亂法。」

（9）嘉樹，美樹。《楚辭・九章・橘頌》:「后皇嘉樹，橘徠服兮。」

（10）鄒陽，齊人，仕吳王濞，去爲梁孝王客。《史記》卷八十三有傳。

（11）士無賢愚，《文選・鄒陽〈於獄上書自明〉》:「士無賢不肖。」

（12）臧文，魯大夫臧文仲。展季，魯人，字季，姓展名獲，即柳下惠。《論語・衛靈公》:「子曰：『臧文仲其竊位者與，知柳下惠之賢而不與立也。』」

（13）靳尙，戰國時楚上官大夫。嫉屈原能，讒進於王，王逐屈原。事見《史記》卷八十四。靳，《劉秘書集》作「勤」。

（14）絳侯，漢，周勃的封號。勃，沛人。高帝起沛，以爲中涓，賜爵五大夫。楚懷王拜爲襄賁令。及人關，賜爵威武侯，尋拜將軍，封絳侯，遷太尉，進相國，歷惠帝至高后時並爲太尉。文帝即位，以爲右丞相，後謝歸。及陳平卒，復爲丞相，免就國。卒諡曰武侯。《史記・屈原賈生列傳》云：「絳、灌、東陽侯、馮敬之屬盡害之，乃短賈生曰：『雒陽之人，年少初學，專欲擅權，紛亂諸事。』於是天子後亦疏之，不用其議，乃以賈生爲長沙王太傅。」賈生，賈誼。

（15）平津，漢代公孫弘的封號。字季，一云字次卿，菑川薛人。少爲薛獄吏，有罪，免。武帝即位，以賢良徵爲博士，時年六十。移病免歸。元光中復徵賢良，對策第一，拜博士，累遷左內史。元朔中爲御史大夫，代薛澤爲丞相，封平津侯。元狩二年卒，年八十。主父，主父偃。齊國臨甾人。元光中爲郎中，遷謁者中郎中大夫。元朔中爲齊相，以劫齊王令自殺，徵下吏，族誅。《史記・公孫弘主父列傳》：「及齊王自殺，上聞大怒，以爲主父劫其王令自殺，乃徵下吏治。主父服受諸侯金，實不劫王令自殺。上欲勿誅，是時公孫弘爲御史大夫，乃言曰：『齊王自殺無後，國除爲郡，入漢，主父偃本首惡，陛下不誅主父偃，無以謝天下。』乃遂族主父偃。」

（16）厥，助詞，用於句中。《尙書・無逸》：「自時厥後，立王生則逸。」

（17）曲筆，不據事直書，有意掩蓋事實眞相。短，指人過失。《史記・屈原賈生列傳》：「上官大夫短屈原於頃襄王。」

（18）暇，空閒。《說文・日部》：「暇，閒也。」《玉篇・日部》：「暇，閑暇也。」殫，盡。《說文・歺部》：「殫，極盡也。」段注：「窮極而盡之也。」

（19）寸管，短小的律管。《文選・陸機〈演連珠〉》：「是以寸管下傃，天地不能以氣欺。」

（20）切齒，憤怒。《史記・呂不韋列傳》：「日夜切齒腐心。」

（21）前載，前代的記載。枉直，曲直，比喻是非，好壞。《論語・爲政》：「舉直錯諸枉。」

（22）神覽，天子所視。

（23）緒言，已發而未盡的言論。《莊子・漁父》：「曩者先生有緒言而去。」成玄英疏：「緒言，餘論也。」陸德明《經典釋文》：「緒言，猶先言也。」郭慶藩集解引俞樾曰：「緒言者餘言也。先生之言未畢而去是有不盡之言，故曰緒言。」

（24）飄風，阿傳。《詩經・小雅・何人斯》：「彼何人斯？其爲飄風。」貝錦，比喻誣陷他人，羅織成罪的讒言。《詩經・小雅・巷伯》：「萋兮斐兮，成是貝錦。」朱熹集傳：「言因萋斐之形，而文致之以成貝錦，以比讒人者因人之小過而飾成大罪也。」

（25）饞慝，邪惡姦佞的人。《管子・五輔》：「五經既布，然後逐奸民，詰詐僞，屏讒慝，而毋聽淫辭，毋作淫巧。」

（26）殷勤，關注。

（27）資，稟賦、才質。《荀子・性惡》：「今人之性，生而離其樸，離其資，必失而喪之。」楊倞注：「資，材也。」履直，踐行正道。履，踐也。《論語・鄉黨》：「行不履閾。」

（28）杜漸防微，晉葛洪《抱朴子・內篇・明本》：「昔之達人，杜漸防微，色斯而逝，夜不待旦。」

（29）幾何，幾許。《詩・小雅・巧言》：「爲猶將多，爾居徒幾何。」孔穎達疏：「汝所與聚居之徒眾，幾何許人也。」

（30）訧，罪過。《說文・言部》：「訧，罪也。」《詩・邶風・綠衣》：「我思古人，俾無訧兮。」罹，遭遇。《尚書・湯誥》：「罹其凶害，弗忍荼毒。」孔安國傳：「罹，被。」

（31）吹毛，輕易的。《韓非子・內儲說下》：「梨且謂景公曰：『去仲尼，猶吹毛耳。』」吹毛洗垢，比喻一意尋找他人的過失或缺點。

（32）嗟，招呼聲。《尚書・費誓》：「公曰：『嗟！人無嘩，聽命。」

（33）峻法，嚴法。《史記・萬石君傳》：「桑弘羊等致利，王溫舒之屬峻法。」《漢書・丙吉傳》：「不避嚴刑峻法。」

（34）肆，恣縱。《玉篇・長部》：「肆，放也，恣也。」

（35）要君，恃勢以有求於君。《論語・憲問》：「子曰：『臧武仲以防求爲後於魯，雖曰不要君，吾不信也。」

（36）昭，同「照」，照亮。《三國志・魏書・陳思王植傳》：「惠洽椒房，恩昭九族。」陵陽，曲名。《文選・嵇康〈琴賦〉》：「進南荊，發西秦，紹陵陽度巴人。」注：向曰：「南荊、西秦、陵陽、巴人，並曲名。」虐，過分。《尚書·泰誓中》：「淫酗肆虐，臣下化之。」孔安國傳：「過酗縱虐，以酒成惡。」孔穎達疏：「縱情爲虐。」

（37）舞文，玩弄文字。《史記·酷吏列傳》：「所治即豪，必舞文巧詆。」虛謗，無中生有的說人壞話。

（38）宸，帝王的居處。《正字通》：「宸，後人稱帝居曰宸。」宸明，聖明，借指皇帝。

（39）縲，古時捆綁犯人的大繩索。《玉篇·系部》：「縲，縲絏。」嬰，糾纏；羈絆。《韓非子·解老》：「禍害至而疾嬰內。」《文選·陸機〈赴洛中道作詩〉》：「世網嬰我身。」李善注：「《說文》曰：『嬰，繞也。』」纆，繩索。《周易·坎》：「係用徽纆。」陸德明釋文：「徽，許韋反。纆，音墨。三股曰徽，兩股曰纆，皆索名。」《史記·屈原賈生列傳》：「夫禍之與福兮，何異糾纆。」裴駰集解引臣瓚曰：「糾，絞也。纆，索也。」

（40）蠲，除去。《廣雅·釋詁三》：「蠲，除也。」漢荀悅《申鑒·政體》：「四患既蠲，五政既立，行之以誠，守之以固。」庸暗，昏愚。

（41）免黜，罷去官職。《後漢書·梁冀傳》：「免黜者三百餘人。」

（42）朝會，群臣朝謁天子。《史記·大宛列傳》：「取其羈屬，不肯往朝會焉。」

（43）通方，圓融滑稽。

（44）縶馬懸車，形容險阻。《淮南子·天文訓》：「至於悲泉，爰止其女，爰息其馬，是謂縣車。」縶，縶馬。《廣韻·緝韻》：「縶，縶馬。」《楚辭·九歌·國殤》：「霾兩輪兮縶四馬，援玉枹兮擊鳴鼓。」

（45）朝覲，臣子朝見君主。

（46）林谷，林木山谷。《墨子·天志上》：「夫天不可爲林谷，幽門無人。」

（47）天聽，天子的聽聞，此爲臣頌君之詞。《三國志·魏書·高柔傳》：「庶有裨起天聽，弘益大化。」罔己，自欺。《列子·天瑞》：「向氏大惑，以爲國氏之重罔己也，過東郭先生問焉。」

（48）造次，急遽，倉促。《漢書·景十三王傳》：「造次必於儒者。」彰，表露。《論衡·自紀》：「好自周，不肯自彰。」

（49）距違，拒違。《左傳》昭公元年：「距違君命。」《國語·楚語上》：「邇者騷離而遠者距違。」

（50）引籍，通名狀於門使，使引導入宮。《史記・外戚世家褚少孫論》：「行詔門著引籍，通到謁太后。」雲陛，高陛，借指朝廷，天子。《文選・謝朓〈始出尚書省詩〉》：「惟昔逢休明，十載朝雲陛。」

（51）寬和，寬大和易。《文選・東方朔〈非有先生論〉》：「使遇明王聖主，得清燕之閒，寬和之色。」

（52）起家，謂從家中徵召出來，授以官職。

（53）渝，改變。《爾雅・釋言》：「渝，變也。」《詩・鄭風・羔裘》：「彼其之子，捨命不渝。」毛傳：「渝，變也。」丹石，丹砂和石頭，比喻赤誠堅定。《文選・謝朓〈始出尚書省詩〉》：「既秉丹石心，寧流素絲涕。」

（54）工言，花言巧語。工，巧也。《廣雅・釋詁三》：「工，巧也。」

（55）媒諓，媒，謀也。《說文・女部》：「媒，謀也。謀合二姓者也，從女某聲。」諓，巧言。

（56）款，至。《文選・張衡〈西京賦〉》：「掩長楊而聯五柞，繞黃山而款牛首。」注：綜曰：「款，至也。」

（57）柯葉，枝葉。《漢書・敘傳》：「柯葉彙而靈茂。」《文選・左思〈蜀都賦〉》：「柯葉漸苞。」晉陶潛《擬古詩》：「柯葉自摧折，根株浮滄海。」

（58）德澤，恩澤，恩惠。《韓非子・解老》：「有道之君，外無怨仇於鄰敵，而內有德澤於人民。」

（59）無謝，不讓，不亞於。晉葛洪《抱朴子・外篇・博喻》：「猶日月無謝於貞明，枉矢見忘於暫出。」陽春，比喻德政。

求豫北伐啓（1）

或以臣素無飛將之目（2）。未從嫖姚之伍（3）。言易行難。收功理絕。然桓沖稱謝安無將略（4）。文靖公遂破苻堅（5）。山濤謂羊祜不強（6）。建成侯卒平孫皓（7）。微臣之譬兩賢。誠無等級。小虜之方二寇。勢踰枯朽（8）。

注釋：

（1）本文錄自《藝文類聚》卷五十九。

（2）飛將，漢代名將李廣，號飛將軍。

（3）嫖姚，勁疾貌。

（4）桓沖，字幼子，小字買德郎，彝第五子，除鷹揚將軍、鎮蠻護軍、西陽太守，遷寧朔將軍義城新野二郡太守，鎮襄陽，以從破姚襄功進征虜將軍，賜爵豐城公，尋遷振威將軍江州刺史，領鎮蠻護軍西陽譙二郡太守，進監江荊益三州軍事南中郎將，寧康初拜中軍將軍、都督揚江豫三州軍事、揚豫二州刺史假節，尋解揚州、改授都督徐兗豫青揚五州之六郡軍事、車騎將軍、徐州刺史，以北中郎將並中軍鎮京口、假節，加侍中，尋解徐州，遷鎮姑孰，太元中遷荊州刺史，鎮上明，卒贈太尉，謚曰宣穆。《晉書・桓沖傳》：「既而苻堅盡國內侵，沖深以根本爲慮，乃遣精銳三千來赴京都。謝安謂三千人不足以爲損益，而欲外示閑暇，聞軍在近，固不聽。報云：「朝廷處分已定，兵革無闕，西藩宜以爲防。」時安已遣兄子玄及桓伊等諸軍，沖謂不足以爲廢興，召佐吏，對之歎曰：「謝安乃有廟堂之量，不閒將略。今大敵垂至，方遊談不暇，雖遣諸不經事少年，眾又寡弱，天下事可知，吾其左衽矣！」《晉書》卷七十四有傳。謝安，字安石，尙從弟，寓居會稽，屢徵不就。年四十餘，桓溫請爲征西司馬，除吳興太守，徵拜侍中，遷吏部尙書中護軍。孝武即位，爲尙書僕射，領吏部，加後將軍，總中書事；又領揚州刺史，進中書監驃騎將軍，錄尙書事，加司徒復加侍中，都督揚、豫、徐、兗、青五州、幽州之燕國諸軍事假節，拜衛將軍開府儀同三司，封建昌縣公。苻堅入寇，加征討大都督。堅破、進拜太保，都督揚荊、司、豫、徐、兗、青、冀、幽、并、寧、益、雍、梁十五州軍事，加黃鉞。尋爲會稽王道子所構，出鎮廣陵之步丘。卒贈太傅，更封廬陵郡公，謚曰文靖。《晉書》卷七十九有傳。

（5）文靖公，晉謝安，謚號文靖公。《晉書・謝安傳》：「時苻堅強盛，疆埸多虞，諸將敗退相繼。安遣弟石及兄子玄等應機征討，所在克捷。……堅後率眾，號百萬，次於淮肥，京師震恐。加安征討大都督。玄入問計，安夷然無懼色，答曰：「已別有旨。」既而寂然。玄不敢復言，乃令張玄重請。安遂命駕出山墅，親朋畢集，方與玄圍棋賭別墅。安常棋劣於於玄，是日懼，便爲敵手而又不勝。安顧謂其甥羊曇曰：「以墅乞汝。」安遂遊涉，至夜乃還，指授將帥，各當其任。玄等既破堅，有驛書至，安方對客圍棋，看書既竟，便攝放床上，了無喜色，棋如故。客問之，徐答云：「小兒輩遂已破賊。」苻，《類聚》作「符」。

（6）山濤，濤字巨源，河內懷人。魏正始中爲郡主簿、功曹上計掾，舉孝廉，州辟部河南從事，投傳而去。正元初，司隸舉秀才，除郎中，轉王昶驃騎從事中郎。景元初拜趙相，遷尚書吏部郎，歷大將軍、從事中郎行軍司馬。咸熙初封新沓子，轉相國左長史，晉受禪，守大鴻臚。加奉車都尉，進爵新沓伯，出爲冀州刺史，加寧遠將軍，轉北中郎將，督鄴城守事，入爲侍中，除議郎拜吏部尚書。咸寧初轉太子少傅，加散騎常侍，除尚書僕射，加侍中，領吏部。太康初遷右僕射，加光祿大夫、代李胤爲司徒。卒，年七十九，謚曰康。有集五卷。祜字叔子，泰山南城人，漢南陽太守續孫。高貴鄉公時徵拜中書侍郎，遷給事中黃門郎。陳留王時賜爵關中侯，徙秘書監。晉國建，封鉅平子，拜相國從事中郎，遷中領軍。武帝受禪，進中軍將軍，加散騎常侍，進爵爲侯，尋拜尚書右僕射衛將軍，都督荊州諸軍，鎮南夏，加車騎將軍開府，坐楊肇敗貶爲平南將軍。咸寧初除征南大將軍，封南城侯。卒謚曰成。有《集》二卷。

（7）建成侯，檢《晉書・羊祜傳》，羊祜未被封過建成侯，存疑。羊祜派杜預最終剿滅孫皓，見《晉書・羊祜傳》。

（8）枯朽，枯槁腐朽。《漢書・異姓諸侯王表》:「摧枯朽者易爲力。」

送瑞鼎詣相國梁公啓（1）

生木遊火之禽，夾階紀朔之華，白環銀甕之跡（2），素雉金船之瑞（3）。自天有祚（4），不爲定於郟鄏（5）。虛其所止，非獨在於汾陰（6）。

注釋：

（1）此篇錄自《藝文類聚》卷九十九，以《劉秘書集》、嚴輯《全文》比勘。梁公，即梁武帝蕭衍。字叔達，小名練南，蘭陵武進中都里人，齊高帝族孫，永明初爲巴陵王南中郎法曹行參軍，歷衛將軍王儉東合祭酒，隨王鎮西諮議參軍，隆昌初爲寧朔將軍，鎮壽春，除太子庶子給事黃門侍郎，明帝即位，封建陽男，歷右軍晉安王司馬進陵太守，入爲博士太子中庶子，領羽林監，鎮石頭，尋拜輔國將軍雍州刺史，永元末進征東將軍，和帝即位，爲尚書左僕射，加征東大將軍，假黃鉞，進中書監、大司馬、錄尚書、驃騎大將軍、揚州刺史，都督中外諸軍事，封梁公，加九錫，位相國，進封梁王，以中興二年四月受禪，改元七：天監、普通、大通、中大通、大同、中大同、太清。在位四十八年，諡曰武皇帝，廟號高祖，有《周易講疏》三十五卷，《尚書大義》二十卷，又十一卷，《毛詩發題序義》一卷，《禮記大義》十卷、《鍾律緯》六卷，《孝經義疏》十八卷，《孔子正言》二十卷，《通史》四百八十卷，《老子講疏》六卷，《兵書鈔》一卷，《兵書要鈔》一卷，《金策》三十卷，《圍棋品》一卷，《棋法》一卷，《集》三十二卷，《詩賦集》二十卷，《淨業賦》三卷，《雜文集》九卷，《別集目錄》二卷。

（2）甕，《全文》作「甕」。

（3）素雉，白雉。素，白。《詩經・召南・羔羊》：「素絲五紽。」傳：「素，白也。」瑞，祥瑞。

（4）祚，福。《國語・周語下》：「必有章蕃育之祚。」

（5）郟鄏，古地名，周之舊都，在今河南省洛陽市西。《左傳・宣公三年》：「成王定鼎於郟鄏。」

（6）汾陰，戰國魏地。漢武帝時得寶鼎處。在今山西省榮河縣北。《史記 28・封禪書》：「汾陰直有金寶氣。」

謝安成王賚祭孤石廟胙肉啓（1）

味過瀹鳳（2），珍越屠龍。故使屏翳收風（3），馮夷淨浪（4），神居鷁首（5），獨泛安流（6）。民幸同附，得徼邁迮（7），復等受釐（8），預頒純嘏（9）。恩靈所降，信次委積（10），報生以死，竊閒斯義。

注釋：

（1）本文錄自《藝文類聚》卷七十二，以《劉秘書集》、嚴輯《全文》比勘。賚祭，持物祭祀。賚，賜。《爾雅・釋詁》：「賚，賜。」《尚書・湯誓》：「予其大賚汝。」鄭玄注：「賚，賜也。」胙肉，祭祀時供神的肉。劉寄《社日僧舍風雨詩》：「孺子從渠分胙肉，南翁無處聽巴詞。」

（2）瀹，煮。《說文通訓定聲》：「瀹，叚借爲鬻，通俗文，以湯煮食物曰瀹，《字林》：瀹，煮也。」

（3）屏翳，風神。《文選・曹植〈洛神賦〉》：「屏翳，收風，川後靜波。」注：「向曰：『屛翳，風師也。』」

（4）馮夷，河伯，泛指水神。《廣雅・釋天》：「河伯，謂之馮夷。」《楚辭・遠遊》：「令海若舞馮夷。」注：「馮夷，水仙人。」補注：「馮夷，河伯也。」淨，淨盡，無餘。

（5）鷁首，船頭。古代畫鷁鳥於船頭，故名。《淮南子・本經訓》：「龍舟鷁首，浮吹以娛。」注：「鷁，水鳥也，畫其象著船頭，故曰鷁首也。」《文選・張衡〈西京賦〉》：「於是命舟牧為水嬉，浮鷁首翳雲芝。」注：綜曰：「船頭象鷁鳥，厭水神，故天子乘之。」

（6）泛，漂流。《詩經・墉風・柏舟》：「泛彼柏舟，在彼中河。」

（7）遘迕，遘遇而迕亂。《文選・木華〈海賦〉》：「群妖遘迕，眇〔目偽（右）〕冶夷。」李善注：「《爾雅》曰：『遘，遇也。』《小雅》曰：『迕，犯也。』」

（8）釐，福。《史記 10・孝文本紀》：「今吾聞祠官祝釐，皆歸福朕躬，不為百姓，朕甚愧之。」裴駰集解引如淳曰：「釐，福也。」

（9）頒，賞賜。純嘏，大福。《詩經・小雅・賓之初筵》：「錫爾純嘏，子孫其湛。」朱熹集傳：「嘏，福；湛，樂也。」

（10）信次，連宿三夜以上或三天左右時間。《左傳・莊公三年》：「凡師為信，過信為次。」委積，《周禮・地官・大司徒》：「大賓客，令野修道委積。」孫詒讓正義：「《說文・禾部》云：「積，聚也。……凡儲聚禾米薪芻之屬，通謂之委積。」

謝晉安王餉米酒等啓（1）

傳詔李孟孫宣教旨，垂賜米、酒、瓜、筍（2）、葅、脯、鮓、茗八種。氣苾新城（3），味芳雲杜（4），江潭抽節（5），邁昌荇之珍（6）。壃埸擢翘（7），茸精之美（8）。羞非純束（9），野麏裛似雪之驢（10）；鮓異陶瓶，河鯉操如瓊之粲（11）。茗同食粖（12），酢顏望甘（13），免千里宿舂（14），省三月種聚，小人懷惠，大懿難忘（15）。

注釋：

（1）本文錄自弘治本《百川學海・茶經》，以《劉秘書集》、嚴輯《全文》比勘。

晉安王，蕭綱。餉，饋贈。《說文》:「餉，饋也。從食向聲。」《玉篇》:「餉，饋也。」

（2）筍，竹之嫩芽。《詩經·大雅·韓奕》:「其蔌維何，維筍及蒲。」鄭箋:「筍，竹萌也。」葅，通「菹」，醃菜。《詩經·小雅·信南山》:「疆埸有瓜，是剝是葅。」鄭玄箋:「淹漬以爲葅。」鮓，用醃、糟等方法加工的魚類食品。《釋名·釋飲食》:「鮓，菹也，以鹽、水釀魚以爲菹，熟而食之也。」筍，《四庫全書》本《茶經》作「荀」。鮓，《四庫》本作「酢」。

（3）苾，馨香也。《廣雅·釋器》:「苾，香也。」《詩經·小雅·楚茨》:「苾芬孝祀。」新城，在今湖北省襄陽西。

（4）雲杜，在今湖北省沔陽縣西北。《漢書·地理志上》:「江夏郡，縣十四，雲杜。」杜，《四庫》本作「松」。

（5）江潭，江之深淵。《楚辭·九歌》:「長瀨湍流，泝江潭兮，狂顧南行聊以娛心兮。」《文選·陸機〈贈馮文羆遷斥丘令詩〉》:「嗟我人斯，戢翼江潭。」節，竹節。

（6）荇，多年生水生草本植物，嫩時可食，亦可入藥。

（7）疆場，戰場。翹，鳥之長羽。

（8）茸，竹頭有文者。《文選·張衡〈南都賦〉》:「阿那蓊茸。」李善注:「茸，竹頭有文也。」本作「葺」，依《四庫》本改。

（9）純束，包裹。《詩經·召南·野有死麕》:「野有死鹿，白茅純束。」毛傳:「純束，猶包之也。」鄭箋:「純，讀如屯。」

（10）麐，同「麇」，亦作「麕」，獐子。《詩經·召南·野有死麕》:「野有死麕，白茅包之。」褭，香氣薰染侵襲。

（11）粲，美好貌。

（12）缺，《四庫》本作「粲」。

（13）酢，祭祀。甘，本作「楫」，依《全文》改，《四庫》本作「柑」。

（14）宿舂，前夜所舂就之米。《福惠全書·刑名部·問擬》:「寡之家無宿舂，借麥于忠。」

（15）懿，美德。《易·小畜》:「君子以懿文德。」孔穎達疏:「懿，美也。」

謝給藥啓 (1)

一物之微。遂留膏肓 (2)。名醫上藥。爰自城府 (3)。雖巫咸視診 (4)。岐伯下針 (5)。松子玉漿。衛卿雲液。比妙眾珍 (6)。實云多愧。

注釋：

（1）本文錄自《嚴輯《全文》卷六十，以《藝文類聚》、《劉秘書集》比勘。

（2）膏肓，稱病之難治者。《文選・孫楚〈爲石仲容與孫皓書〉》：「夫治膏肓者必進苦口之藥。」膏肓，《類聚》作「亭育」。

（3）城府，城市與官署。《後漢書・龐公傳》：「居峴山之南，未嘗入城府。」

（4）巫咸，帝堯時人。郭璞《巫咸山賦序》：「蓋巫咸者，寔以鴻術爲帝堯醫，生爲上公，死爲貴神，豈封斯山，而因以名之耳。」

（5）岐伯，相傳爲黃帝時的名醫。《漢書・藝文志》：「太古有岐伯、俞拊，中世有扁鵲、秦和，蓋論病以及國，原診以知政。」針，刺。《漢書・景十三王・廣川惠王越傳》：「以鐵針針云。」注：「師古曰：『針，刺也。』」

（6）眾，《類聚》作「競」。

謝越布啓 (1)

比納方綃 (2)。既輕且麗。珍邁龍水 (3)。妙越鳥夷 (4)。

注釋：

（1）本文錄自《藝文類聚》卷八十五，以《劉秘書集》、嚴輯《全文》比勘。

（2）比，近日來。《世說新語・簡傲》：「又問馬比死多少，答曰：『未知生，焉知死。』」方綃，方形輕紗。

（3）龍水，瀑布。《圖繪寶鑒》：「董源善畫山水，兼工龍水，無不臻妙。」

（4）鳥夷，海島居民。先秦時指中國東部近海一帶的居民。《史記・五帝本紀》：「南撫交址、北發、西戎、析枝……東長、鳥夷，四海之內，咸戴帝舜之功。」《漢書・地理志上》：「鳥夷皮服。」顏師古注：「此東北之夷，搏取鳥獸，食其肉而衣其皮也。一說，居在海曲，被服容止皆象鳥也。」鳥，嚴輯《全文》作「島」。《尚書・禹貢》：「大陸既作，島夷皮服。」

答湘東王書（1）

伏承自辭皇邑（2），爰至荊臺（3），未勞刺舉（4），且摛高麗（5）。近雖預觀尺錦，而不覩金玉（6）。昔臨淄詞賦（7），悉與楊脩（8），未殫寶笥（9），顧慚先哲。渚宮舊俗（10），朝衣多故（11），李固之薦二賢（12），徐璆之奏五郡（13），威懷之道（14），兼而有之。當欲使金石流功（15），恥用翰墨垂跡（16）。雖乖知二（17），偶達聖心。爰自退居素里（18），卻掃窮閈（19），比楊倫之不出（20），譬張摯之杜門（21）。昔趙卿窮愁（22），肆言得失；漢臣鬱志（23），廣敘盛衰。彼此一時，擬其非匹（24）。竊以文豹何辜（25），以文爲罪。由此而談，又何容易。故韜翰吮墨（26），多歷寒暑，既闕子幼南山之歌（27），又微敬通渭水之賦（28），無以自同獻笑，少酬褒誘（29）。且才乖體物（30），不擬作於玄根（31）；事殊宿諾（32），寧貽懼於朱亥（33）。顧己反躬，載懷累息。但瞻言漢廣（34），邈若天涯，區區一心（35），分宵九逝（36）。殿下降情白屋（37），存問相尋，食椹懷音（38），矧伊人矣（39）。

注釋：

（1）本文錄自《梁書・劉孝綽傳》，以《藝文類聚》卷五十八、《劉秘書集》、嚴輯《全文》比勘。《類聚》作「答梁元帝書」。

（2）伏，敬詞。承，敬愛，蒙愛。《說文・手部》：「承，受也。」《禮記・禮運》：「是謂承天之祜。」孔穎達疏：「言行上事得所，則承受天之祜福也。」皇邑，皇都。《文選・曹植〈贈白馬王彪詩〉》：「清晨發皇邑，日夕過首陽。」

（3）爰，助詞。《詩經・邶風・凱風》：「爰有寒泉，在浚之下。」荊臺，古楚國一高臺名。故址在今湖北省監利縣北。《後漢書・文苑・邊讓傳》：「楚靈王既遊雲夢之澤，息於荊臺之上，前方淮之水，左洞庭之波，右顧彭蠡之隩，南眺巫山之阿。」

（4）刺舉，探察不法的行爲並在朝廷舉發以糾正。《史記・田叔傳》：「其後使刺舉三河。」

（5）摛，舒，布。《說文》：「摛，舒也。從手，離聲。」高麗，高超華美。

（6）覩，睹的古字。《說文》：「睹，見也。覩，古文從見。」金玉，貴重。《詩經・小雅・白駒》：「毋金玉爾音，而有遐心。」箋：「毋愛女聲音，而有遠我之心，以恩責之也。」金，《劉秘書集》作「全」。

(7) 臨淄，今山東淄博。淄，《類聚》作「渦」。詞，《類聚》作「辭」。

(8) 悉，盡。《爾雅・釋詁》：「悉，盡也。」楊脩，字德祖，彪子。建安中，舉孝廉，除郎中，署丞相倉曹屬之簿，坐罪誅。有《集》二卷。修，《類聚》作「循」。

(9) 寶笥，本義指貴重的箱、篋，後來引申爲學問藝術的深奧之處。

(10) 渚宮，宮殿名。春秋楚之別宮。在湖北省江陵縣城內。《左傳》文公十年：「將入郢，王在渚宮下見之。」疏：「渚宮，當郢都之南。」

(11) 朝衣，朝服。《文選・張協〈詠史詩〉》：「抽簪解朝衣，散發歸海隅。」

(12) 李固，字子堅，合子。五察孝廉，益州再舉茂才，五府連辟，皆不應。陽嘉二年，舉敦樸士，對策第一，拜議郎，出爲廣漢雒令，不到官。梁商請爲從事中郎。永和中，拜荊州刺史，徙太山太守，入爲將作大匠。漢安初，遷大司農。沖帝即位，代趙峻爲太尉，參錄尚書事。後議立清河王蒜，忤梁冀指，免。建和元年，下獄死。，賢，《全文》、《劉秘書集》作「邦」。《梁書》校記云：「『賢』，各本訛『邦』，據《冊府元龜》一九二改正。按《冊府元龜》「二賢」下有小注云：『楊厚、賀純也。李固爲荊州，聞厚、純以病免歸，薦於天子，有詔徵用。』」

(13) 徐璆，《劉秘書集》、《全文》作「珍」。「五郡」，《劉秘書集》、《全文》作「七邑」。《梁書》校記云：「『璆』，各本訛『珍』，『五郡』，各本爲『七邑』，今據《冊府元龜》一九二改正。按《冊府元龜》注云：『徐璆爲荊州，走五郡守有贓污者案罪。』」

(14) 威，威力。《廣雅・釋詁二》：「威，力也。」懷，安撫。《禮記・中庸》：「懷諸侯。」疏：「懷，安撫也。」

(15) 金石，金指鍾鼎彝器之類，石指碑碣石刻之類。二者都是用來箴銘及頌揚公德以流傳久遠。《史記・秦始皇紀》：「群臣相與誦皇帝公德刻於金石，以爲表經。」

(16) 翰墨，代文辭。《後漢書・臧洪傳》：「是以捐棄翰墨。」

(17) 二，乾和坤。《周易・繫辭下》：「因二以濟民行。」

(18) 素里，故鄉。《文選・謝莊〈宋孝武宣貴妃誄〉》：「毓德素里，棲景宸軒。」注：銑曰：「素，舊也。」

（19）窮閈，簡陋的門。藉以謙稱自己的門庭。

（20）楊倫，字仲理，陳留東昏人。師事丁鴻。爲郡文學掾，久之去職。元初中，郡禮請三府並辟，公交車徵，皆不就。延光末，徵博士，爲清河王傅，免。永建中。拜侍中，免。陽嘉中，徵拜太中大夫。大將軍梁商請爲長史，出補常山王傅，病不之官。

（21）張摯，《史記・張釋之馮唐列傳》：「張摯，字長公，官至大夫，免。以不能取容當世，故終身不仕。」杜門，杜塞其門。《國語・晉語一》：「狐突杜門不出。」《史記・商君傳》：「公子虔杜門不出，已八年矣。」

（22）趙卿，指趙岐。

（23）漢臣，指司馬遷。

（24）擬，揣度。《說文・手部》：「擬，度也。」段玉裁注：「今所謂揣度也。」「其非」，《劉秘書集》作「非其」。匹，比得上。《廣雅・釋詁四》：「匹，二也。」

（25）文豹，有花紋的豹。《莊子・山木》：「夫豐狐文豹，棲於山林，伏於岩穴，靜也；夜行晝居，戒也；雖饑渴隱約，猶且胥疏於江湖之上而求食焉，定也。然且不免於罔羅機辟之患，是何罪之有哉？其皮爲之災也。」

（26）韜翰，猶韜筆，指不寫作。

（27）闕，少。《玉篇・門部》：「闕，少也。」子幼，楊惲字。《漢書・楊惲傳》：「其詩曰：『田彼南山，蕪穢不治。種一頃豆，落而爲萁。』」

（28）微，無。《論語・憲問》：「微管仲，吾其被髮左衽矣。」何晏集解：「馬融曰：『微，無也。』」敬通，後漢馮衍字。《後漢書・馮衍傳》載《顯志賦》云：「聽涇渭之波聲。」

（29）酬，應對。《周易・繫辭上》：「是故可與酬酢，可與祐神矣。」韓康伯注：「酬酢，猶應對也。」褒，揚美。《玉篇・衣部》：「褒，揚美也。」誘，美稱。《淮南子・繆稱訓》：「善生乎君子，誘然與日月爭光，天下弗能遏奪。」高誘注：「誘，美稱也。」

（30）體物，鋪陳事物。《文選・陸機〈文賦〉》：「詩緣情而綺靡，賦體物而瀏亮。」李善注：「賦以陳事故曰體物。」

（31）玄根，道的根本。《老子・成象》：「玄牝之門，是謂天地根。」

（32）宿諾，隔宿的諾言。《論語・顏淵》：「子曰：『片言可以折獄者，其由也與？

子路無宿諾。」何晏《集解》曰:「宿,猶豫也。」朱熹集注:「宿,留也,猶宿怨之宿,急於踐言,不留其諾也。」

(33)朱亥,戰國魏大梁人。

(34)瞻言,觀視而言。《詩經・大雅・桑柔》:「維此聖人,瞻言百里。」箋:「聖人所視而言者百里。」

(35)區區一心,平庸微不足道之心,謙遜語。區區,小。《廣雅・釋訓》:「區區,小也。」心,《劉秘書集》作「念」。

(36)分宵,半夜。

(37)白屋,平民所居的房屋。《文選・曹植〈君子行〉》:「君子防未然,不處嫌疑間。瓜田不納履,李下不正冠。叔嫂不親授,長幼不並肩。勞謙得其柄,和光甚獨難。周公下白屋,吐哺不及餐。一沐三握髮,後世稱聖賢。」《文選・樂府・君子行》:「周公下白屋,吐哺不及餐。」《漢書・王莽傳》:「開門延士,下及白屋。」注:師古曰:「白屋,謂庶人以白茅覆屋者也。」

(38)食椹懷音,指知恩圖報。《三國志・魏書・管輅傳》:「夫飛鴞,天下賤鳥,及其在林食椹,則懷我好音,況輅心非草木,敢不盡忠?」

(39)矧,《爾雅・釋言》:「矧,況也。」伊人,猶言此人。

答雲法師書(1)

孝綽和南,辱誨。垂示敕旨所答《劉太僕思效啓》(2)。義窮深遠(3),語兼巧便(4),伏聞稀有(5),身心踊躍(6)。昔戈盾夾車,備不虞於周后(7);兵旗引駕,防未然於漢君。斯皆執心黃屋(8),瑞無紺馬(9)。事極寰寓之中(10),理隔天人之外。皇上自茲善覺,降跡閻浮(11),以住地之心,行則天之化(12)。故能慈導三有(13),仁濟萬物(14)。猶以發藥未周(15),寶船不倦(16),解劍卻芻(17),躬詣道場(18)。瑞花承足(19),人觀雕群之盛;金輪啓路,物覩重英之飾。顯實開權(20),事均祗鷲(21)。本無四畏(22),寧慮五怨(23)。思效遂虜(24),引梁丘隨劍之說(25),日殫觸瑟之辭(26)。何異迴龍象於兔徑(27),注江海於牛跡(28)。聖旨殷勤,曲相誘喻(29)。豈直淨一人之垢衣(30),將以破群生之暗室(31)。弟子世傳正見（32），幼覩眞言（33）。但惑網所縈（34），塵勞自結，微因宿植（35），仰逢法教，親陪寶座，預餐香鉢，復得俱聽一音。共聞八解（36），庶因小葉，受潤大雲，猥蒙開示（37）。深自慶幸，不勝歡喜，略附陳誠。劉孝綽和南。

注釋：

（1）本文錄自《廣弘明集》卷二十八上，以《劉秘書集》、嚴輯《全文》比勘。雲法師，即釋法雲，俗姓周，義興陽羨人，住莊嚴寺。天監中爲光禪寺大僧正，終於大通初。和南，佛教用語，佛門稱稽首、敬禮爲和南。南朝梁沈約《南齊皇太子禮佛願疏》：「皇太子某稽首和南，十方諸佛，一切賢聖。」辱誨，承蒙教誨。辱，屈，用爲應酬語。《左傳》襄公三十三年：「使吾子辱在泥塗久矣。」

（2）垂示，賜示。《後漢書・梁皇后紀》：「述遵先世，垂示後世也。」敕旨，帝王的詔旨。效，勉力。《漢書・韓信傳》：「顧恐臣計未足用，願效愚忠。」

（3）窮，極。《說文・穴部》：「窮，極也。」深遠，深邃遼遠。《史記・老莊　申韓列傳》：「皆原於道德之意，然而老子深遠矣。」

（4）巧便，靈巧，精緻。《荀子・王霸》：「百工忠信而不楛，則器用巧便而財不匱矣。」

（5）稀有，少有。《漢書・王莽傳上》：「千載稀有。」

（6）踊躍，歡欣鼓舞的樣子。《詩經・邶風・擊鼓》：「擊鼓其鏜，踊躍用兵。」

（7）不虞，不曾預料。《詩經・大雅・抑》：「用戒不虞。」傳：「不虞，非度也。」疏：「用備不億度而至之事。」周后，周王。古亦稱帝王爲后。

（8）執心，心志專一堅定。黃屋，天子所乘之車，以黃繒爲車蓋之裏。《史記・項羽本紀》：「紀信乘黃屋車。」

（9）紺馬，神駒。梁簡文帝《相宮寺碑》：「天琴夜下，紺馬朝翔。」

（10）寰寓，指宇宙。

（11）閻浮，多指人世間。

（12）則天，以天爲法，治理天下。《論語・泰伯》：「巍巍乎！唯天爲大，唯堯則之。」

（13）三有，佛教語。謂三界之生死。欲有、色有、無色有。《大智度論》卷八十三：「有名三有：欲有、色有、無色有。」

（14）濟，拯救。《周易·繫辭上》：「知周乎萬物，而道濟天下，故不過。」

（15）發藥，開發藥石。《莊子·列禦寇》：「伯昏瞀人北面而立，敦杖蹙之乎頤，立有間，不言而出，賓者以告列子，列子提屨跣而走，暨乎門，曰：『先生既來，曾不發藥乎？』」發，本作「法」，依《全文》改。

（16）寶船，佛教語。比喻普渡眾生越苦海達彼岸的佛法。梁簡文帝《千佛願文》：「滌無明於欲海，度蒼生於寶船。」

（17）劔，即劍。《戰國策·韓策一》：「被堅甲，跖勁弩，帶利劔。」

（18）躬，親自。《說文·呂部》：「躳，身也，俗從弓身。」《詩·小雅·節南山》：「弗躬弗親，庶民弗信。」詣，前往。《玉篇·言部》：「詣，往也，到也。」《漢書·楊王孫傳》：「王孫苦疾，僕迫從上祠雍，未得詣前。」顏師古注：「詣，至也。」道場，修道之處。《注維摩詰經》卷四：「閒宴修道之處，謂之道場也。」

（19）瑞花，吉祥之花。瑞，祥瑞。《論衡·指瑞》：「王者受富貴之命，故其動出，見吉祥異物，見則謂之瑞。」

（20）開權顯實，是《法華經》的說意。權者方便，實者診室。開方便而顯眞實，乃本經一部之主意。

（21）祗，敬。《說文》：「祗，敬也。從示，氐聲。」《爾雅·釋詁》：「祗，敬也。」鷲，靈鷲山的簡稱。在古印度摩揭陀國王舍城之東北。相傳如來曾在此講《法華》等經，故佛教以爲聖地，因山頂似鷲，故名。梁簡文帝《上武帝菩提樹頌啓》：「弘龍窟之威，紹鷲山之法。」《大智度論》卷三：「是山頂，似鷲，王舍城人見其似鷲，故，共傳言鷲頭山，因名之爲鷲頭山。復次，王舍城南，屍陀林中多諸死人，諸鷲常來噉之，還在山頂，時人便名鷲頭山。」

（22）四畏，王文穆堂名三畏，兼畏夫人，楊文公戲言可改名爲四畏。

（23）寧，《全文》作「寍」。

（24）虜，本作「膚」，依《劉秘書集》改。

（25）梁丘，梁丘賀。《漢書·儒林傳》：「梁丘賀字長翁，琅邪諸人也。以能心計，爲武騎。從太中大夫京房受《易》。……會八月飲酎，行祠孝昭廟，先驅旄頭劍挺墮墜，首垂泥中，刃鄉乘輿車，馬驚。於是召賀筮之，有兵謀，不吉。上還，使有司侍祠。」

（26）殫，本作「磾」，依《劉秘書集》改。

（27）龍象，皇帝。兔徑，小路、曲徑。

（28）江海，泛指四方各地。牛跡，牛行之跡。謂佛爲牛王，佛之教法爲牛跡。《注維摩詰經》卷三：「無以大海內於牛跡。」

（29）曲，小的。《漢書・禮樂志》：「事爲之制，曲爲之防。」誘喻，誘導曉喻。《三國志・魏書・梁習傳》：「習到官，誘喻招納，皆禮召其豪右。」

（30）垢衣，污穢、骯髒的衣服。

（31）暗室，幽暗的內室。

（32）正見，佛家語，指遠離分別妄想得明瞭正法的知見。《大方廣佛華嚴經》卷三十：「正見牢固，離諸妄見。」

（33）眞言，佛教經典的要言秘語。

（34）惑，迷惘。《廣韻・德韻》：「惑，迷也。」縈，纏繞。《詩・周南・樛木》：「南有樛木，葛藟縈之。」毛傳：「縈，旋也。」

（35）宿植，佛教語，前世所植的善根。南朝梁蕭子顯《御講金字摩訶般若波羅蜜經序》：「憑藉宿植德本，仰承如來慈善根力。」

（36）八解，佛教語。八種禪定，八解脫的簡稱。《文選・沈約〈鍾山詩應西陽王教〉》：「八解鳴澗流，四禪隱岩曲。」注：翰曰：「維摩經云：『八解之浴池，定水湛然滿。』」

（37）猥，厚。《漢書・王莽傳》：「今猥被以大罪。」顏師古注：「猥，厚也。」開示，啓發、啓示。

與弟書（1）

方弘遊典墳（2）。寤歌床澗。覽興衰於千載。觀榮落於四時（3）。

注釋：

（1）本文錄自《歲時紀要》，以《劉秘書集》、嚴輯《全文》比勘。

（2）弘遊，廣闊遊覽。典墳，三墳五典的省稱，指多種古代文籍。《左傳》昭公十二年：「是能讀三墳五典。」《淮南子・齊俗訓》：「從典墳，虛循撓。」《文選・陸機〈文賦〉》：「佇中區以玄覽，頤情志於典墳。」

（3）榮落，榮盛與衰落。四時，四季。

棲隱司碑（1）

開方便門，示眞實相。（2）置甘露室（3），遵甘露津。苦語軟言（4），隨方弘訓（5）。俯心降跡（6），逐物重輕。中枝小葉，各隨業根（7）。愍其四流五結（8），有來而不散；八慢九邪，一淪而莫曉。如彼醫王，等之藥樹。去聖茲遠，思聖茲深。誠敬所先，是歸龕廟（9）。自妙法東注（10），寶化西漸（11），公卿貴士（12），賢哲偉人，莫不嚴事招提（13），歸仰慧覺（14）。欲使法燈永傳（15），勝因長久（16），銘曰：給孤梵蕩（17），善勝崩淪（18）。堂堂宗匠（19），克紹慧因（20）。地雖舊域，其宇惟新（21）。召棠且思（22），羊碑猶泣（23）。況我仁祠，義踰生立（24）。遺愛伊何，形於南邑。亦有庶民，經始攸急。珠殿連雲，金層輝景。衢交達巷，門臨樹屏。五居推妙，三空愧靜。銘施柱側（25），記法窟前（26）。孰云千載，餘跡方傳。敢宣重說，敬勤雕鐫。芬域未滅，斯文在斿（27）。

注釋：

（1）本文錄自《藝文類聚》卷七十七，以嚴輯《全文》、《劉秘書集》比勘。

（2）開方便門，示眞實相。佛教語。方便是梵文的意譯，意爲權宜。指用善巧、權宜的方式宣講佛法，容易使人理解。即《法華經》開權顯實的意思。開權顯實是《法華經》一部之說意。權者方便，實者診室。開方便而顯眞實，乃本經一部之主意。《法華文句》三：「又方便者門也，門名能通，通於所通，方便權略，皆是弄引爲眞是作門，眞實得顯，功由方便，故以門釋方便，如開方便門。」

（3）甘露，佛教語，喻佛法，涅槃等。《法華經・藥草喻品》：「爲大眾說甘露淨法。」南朝梁沈約《和王衛軍解講》：「甘露爲誰演，得一標道心。」

（4）苦語，逆耳之諫言，猶苦言。軟言，柔和，婉轉的語言。《敦煌變文集・伍子胥變文》：「子胥被認相辭謝，方便軟言而帖寫。」《字彙》：「軟，俗軟字。」

（5）方弘，正直寬宏。《宋書・張邵傳》:「子陵方弘至公，必不以私仇害正義。」

（6）降跡，寫下文辭。

（7）業根，謂罪惡之根。業，始端。《爾雅・釋詁》:「業，緒也。」

（8）四流，佛教語。即有見三界之見惑也。欲流除見及無明，欲界亡一切諸惑也。有流、除見及無明，上二界之一切諸惑，有者，生死果報不亡之義。無明流，三界之無明也。《文選・王巾〈頭陀寺碑文〉》:「彼岸者引之於有，則高謝四流。推之於無，則俯弘六度。」李善注:「《大智度論》曰:『欲流，有流，無明流，有見流。」五結，佛教語。謂貪結、恚結、慢結、嫉結、慳結。《阿昆達磨論集》四慧覺，佛教語。謂能自覺覺人的大智慧。

（9）龕廟，指佛寺。

（10）妙法，佛教語。義理深奧的佛法。

（11）寶化，佛教的教化。

（12）士，《劉秘書集》作「仕」。

（13）嚴事，師事。《史記 67・仲尼弟子列傳》:「孔子之所嚴事，於周則老子……於鄭、子產。」招提，《玄應音義》:「招提，正言奢，此云四方，譯人去門去奢，拓，經誤作「招」。《翻譯名義集》:「後魏太武始光二年造伽藍，創立招提之名。」

（14）歸仰，歸附仰仗。歸，《劉秘書集》作「師」。慧覺，佛教語，佛之智慧能自覺覺人也。

（15）法燈，佛教語。比喻能照破世間迷暗的佛法。《華嚴經》二:「能燃照世妙法燈。」

（16）勝因，佛教語。善因。

（17）給孤，給孤獨園，代指佛寺。《阿彌陀經》:「舍衛國秖樹給孤獨園。」焚蕩，焚毀，燒光。《後漢書・儒林傳》:「後長安之亂，一時焚蕩，莫不泯盡焉。」

（18）崩淪，衰落。

（19）宗匠，佛教語。宗師巧說法，後成昆，如工匠誨其徒，故謂之宗匠。

（20）克紹，能夠繼承。《書・周命》:「俾克紹先烈。」孔傳:「使能繼先王之功業。」慧因，慧，智慧。

（21）惟，《劉秘書集》作「維」。

（22）召棠，《詩經・召南・召棠序》:「《甘棠》，美召伯也。召伯之教，明於南國。」孔穎達疏謂召伯巡行南土，布文王之政，曾舍於甘棠之下，因愛結於民心，故人愛其樹，而不忍傷。」

（23）羊碑，晉羊祜都督荊州諸軍事，鎮襄陽十年，有德政。及卒，襄陽百姓爲立碑於峴山。見其碑者無不流淚。

（24）踰，《全文》作「喻」。

（25）銘施，銘刻施主的施愛情況。

（26）記法，記錄下來佛法。

（27）旃，旗也。《詩經・商頌・長發》:「武王載旃。」傳:「旃，旗也。」《左傳》宣公十二年:「拔旃投衡。」注:「旃，大旗也。」

司空安成王碑（1）

昔者重華文命（2），並冑高陽之苗（3）；豐邑春陵（4），俱纂帝堯之緒（5）。而虞夏革運（6），姚姒之姓已分（7）；高光再興（8），大漢之名無改。如我皇家，梁齊代建，異文叔之紹開（9）；起自王族，非伯禹之更姓（10）。公則本枝別幹（11），誕自河嶽（12）。五百之期，實膺命世（13）。卜商有問，是謂色難（14）。承志忘顏，在公斯易。至如文琰之對食餘，幼權（15）之言爵里，衛子之朗月映山，杜生之凝脂點漆，惟公具美，歷駕前修。峨峨焉非嶽陵之所至（16），浩浩焉總江漢而爲長（17）。故能擊水三千，摶風九萬，（18）排天闕而俯視（19），掩浮雲而上征。皇帝甄名挺聖，河洛有徵。握衡含樞（20），奄一時夏。利建藩屏，固葉深根。郕霍酆郇（21），方周啓祚。封公爲安成王，食邑二千戶，允同衛叔（22）。賜寶器於商郊，殊異唐侯（23），戲桐珪於汾水（24），乃拜公爲平西將軍荊州刺史（25）。楚之對齊，屈完引城池之固（26）；荊之比宋，墨翟陳輦路之殊（27）。品金作貢，不異淮海；珠璣犀象（28），又無求於晉國。況以雲夢九百之宏侈（29），章華三休之巨麗（30）。公御煩以寡，居高而降。執沖虛之道（31），無矜滿之情（32）。其爲政也，莊敬足以範物（33），慈惠足以庇民（34），剛毅足以威暴（35），清貞足以勵俗（36）。天監十七年薨，春秋四十有五。凡斡庶民，竊親高義（37）。況復祗承帝命，來仕王家。兔園晚春（38），叨從春之賜，高唐暮天（39），奉作賦之私。常懼慶雲之惠不酬（40），而搖落奄至。豈謂輕塵之效莫展（41），而峻極先頹。思所以立言而貞石（42），貽厥長世（43），銘曰：昔在文韶，五賢二聖（44）。漢藩魏屛，微風不競。於赫我梁，德符姬姓。康王康叔（45），異時同盛。爰自妙年，今問不已。一孝一悌，寔光行始（46）。義府文場（47），詞人髦士（48）。波瀾莫際，牆仞難窺。用茲先覺，導此後知（49）。德大心小，居高志卑。再握不倦，三吐忘疲（50）。飛龍在天（51），肇基宛瀆（52）。地猶小視，民同世復。皇情睠正（53），屬難推轂。允矣宗英（54），移藩改牧（55）。誰謂路永，江漢已浮（56）。彼蒼不惠，遽反成周。川迴泝軸（57），塗引歸旒（58）。

注釋：

（1）本文錄自《劉秘書集》，以《藝文類聚》、嚴輯《全文》比勘。《藝文類聚》、《全文》做「司空安成康王碑銘」。司空安成王，蕭秀。

（2）重華，虞舜的美稱。《書・舜典》：「曰若稽古帝舜，曰重華，協於帝。」孔傳：「重華，謂文德。言其光文重合於堯，俱聖明。」文命，傳說爲夏禹之名。《史記 2・夏本紀》：「夏禹名曰文命。」司馬貞索隱：「太史公皆以放勳、重華、文命爲堯、舜、禹之名，未必爲得。」

（3）冑，對前輩的承續。《文選・顏延之〈宋郊祀歌〉》：「夤威寶命，嚴恭帝祖，炳海表岱，系唐冑楚。」高陽，顓頊有天下之號，曰高陽。《楚辭・離騷》：「帝高陽之苗裔兮，朕皇考曰伯庸。」《史記 1・五帝紀》：「帝顓頊高陽者，黃帝之孫，而昌意之子也。」

（4）豐邑，古邑名。《漢書・高帝紀》：「高祖，沛豐邑中陽里人也。」注：「沛者，本秦泗水郡之屬縣，豐者沛之聚邑耳。」《文選・王融〈三月三日曲水詩序〉》：「狹豐邑之未宏，陋譙居之猶褊。」春陵，春申君和信陵君的並稱。《文選・班固〈西都賦〉》：「節慕原常，名亞春陵。」春，《類聚》作「春」。

（5）緒，世系。《文選・張衡〈東京賦〉》：「漢初弗之宅也，故宗緒中圮。」注：「綜曰：『緒，統也。』」

（6）虞夏，指有虞氏之世和夏代。《禮記・表記》：「虞夏之質，殷周之交，至矣。」《國語・周語上》：「昔我先王世后稷，以服事虞夏。」

（7）姚姒，指虞舜和夏禹。相傳舜爲姚姓，禹爲姒姓。謝莊《爲八座江夏王請封禪表》：「蓋陶唐、姚姒、商姬之主，莫不由斯道也。」

（8）高光，漢高祖和漢武帝的並稱。

（9）文叔，後漢光武帝的字。紹，繼也。《說文》：「紹，繼也，從系召聲。」《詩經・大雅・抑》：「弗念厥紹。」傳：「紹，繼也。」

（10）伯禹，即禹。《尚書・禹典》：「伯禹作司空。」《集傳》：「伯禹，似姓，崇伯鯀之子也。」

（11）幹，主幹。《文選・左思〈魏都賦〉》：「本枝別幹，藩屏國家。」

（12）河嶽，黃河和五嶽的並稱。《詩經・周頌・時邁》：「懷柔百神，及河喬嶽。」毛傳：「喬，高也。高岳，岱宗也。」孔疏：「言高岳岱宗者，以巡守之禮必始於東方，故以岱宗言之，其實理兼四嶽。」後泛指山川。

（13）膺，受也。《後漢書・班固傳》：「膺萬國之貢珍。」命世，有名於世也。趙岐《孟子題辭》：「命世亞聖之大才者也。」

（14）色難，順承父母的顏色爲難。《論語・爲政》：「子夏問孝。子曰：色難。有事，弟子服其勞；有酒食，先生饌；曾是以爲孝乎？」《集解》：「包咸曰：『色難者謂承順父母顏色，乃爲難。」集注：「蓋孝子之有深愛者，必有和氣，有和氣者，必有愉色，有愉色者，必有婉容，故事親之際，惟色爲難耳。」

（15）幼權，夏侯淵弟夏侯榮字。《三國志・魏書・諸夏侯曹傳》：「惠弟和，河南尹。」注云：「世語曰：和字義權，清辯有才論。歷河南尹、太常。淵第三子稱，第五子榮。……弟榮，字幼權。幼聰惠，七歲能屬文，誦書日千言，經目輒識之。文帝聞而請焉。賓客百餘人，人一奏刺，悉書其鄉邑名氏，世所謂爵里刺也，客示之，一寓目，使之遍談，不謬一人。」

（16）峨峨，高貌。《文選・〈楚辭・招魂〉》：「增冰峨峨，飛雪千里些。」注：「翰曰：『峨峨，高貌。』

（17）浩浩，水盛大貌。《書・堯典》：「湯湯洪水方割，蕩蕩懷山襄陵，浩浩滔天。」孔傳：「浩浩，盛大若漫天。」江漢，長江和漢水。《詩經・小雅・四月》：「滔滔江漢，南國之紀。」朱熹集傳：「江漢，二水名。」

（18）擊水三千，摶風九萬，《莊子・逍遙遊》云：「《諧》之言曰：『鵬之徙於南冥也，水擊三千里，摶扶搖而上者九萬里，去以六月息者也。』」

（19）天闕，天上的宮闕。顏延之《爲織女贈牽牛》：「慚無二媛靈，託身侍天闕。」闕，《類聚》作「觀」。視，觀看，察視。

（20）握衡含樞，掌握中樞大權。

（21）郕，古邑名。《春秋・襄公十六年》：「秋，齊侯伐我北鄙，圍郕。」杜預注：「郕，魯孟氏邑也。」今山東寧陽東西。酆，古地名。本爲商代崇侯虎邑，周文王滅崇後曾都於此。後爲周武王之弟的封國。在今陜西省戶縣北。《左傳》僖公二十四年：「畢、原、邦、郇、文之昭也。」杜預注：「酆國在始平鄠縣東。」郇，古國名。周文王之子封於此春秋屬晉。在今山西省臨猗縣西南。《左傳》僖公二十四年：「秦伯使公子？如晉師。師退，軍於郇。」

（22）衛叔，衛成公的弟弟。《文選・班固〈幽通賦〉》：「昔衛叔之禦昆兮，昆爲寇而喪予。」注：「濟曰：『衛成公曾會盟於楚，成公弟衛叔守國。』」

（23）唐，《類聚》、《全文》作「應」。

（24）戲桐珪，桐珪爲帝王封拜的符信。《史記 39・晉世家》：「成王與叔虞戲，削桐葉爲珪以與叔虞曰：『以此封若。……於是遂封叔虞於唐。」

（25）拜，《類聚》、《全文》無此字。

（26）屈完，春秋時人。《史記・齊太公世家》載：「夏，楚王使屈完將兵扞齊，齊師退次召陵。桓公矜屈完以其衆。屈完曰：『君以道則可；若不，則楚方城以爲城，江、漢以爲溝，君安能進乎？』乃與屈完盟而去。」

（27）墨翟，戰國魯人，生於周定王時，安王末卒，年八十餘。周遊各國，仕宋爲大夫，倡兼愛尚同之悦，當時與儒家並稱。輦路，天子車駕所經的道路。《文選・班固〈西都賦〉》：「輦路經營，修除飛閣。」李善注：「輦路，輦道也。《上林賦》曰：『輦道纚屬。』如淳曰：『輦道，閣道也。』」

（28）珠璣，珠玉。犀象，犀角和象牙。《文選・張衡〈東京賦〉》：「賤犀象，簡珠玉。」注：「濟曰：『犀象，牙角也。』」

（29）雲夢，澤名，跨江南北。《尚書・禹貢・雲土夢作乂・疏》：「司馬相如《子虛賦》云：雲夢者方八九百里，此澤跨江南北，每處名存焉，亦得單稱雲單稱夢。」蔡傳：「雲夢方八九百里，跨江南北，華容、枝江、江夏、安陸，皆其地也。」

(30) 章華三休。章華，即章華臺。晉葛洪《抱朴子・君道》:「鑒章華之召災，悟阿房之速禍。」今湖北省監利縣西北，晉杜預以爲春秋時楚靈王所建。《新書・退讓》:「翟王使使至楚，楚王誇使者以章華之臺，臺甚高，三休乃至，楚王曰:『翟國亦有此臺乎？』使者曰:『否，翟窶國也，惡目此臺也。』」

(31) 沖虛，恬淡虛靜。《三國志・魏志・王粲等傳論》:「而粲特處常伯之官，興一代之制，然其沖虛德宇，未若徐幹之粹也。」

(32) 矜滿，傲慢。《晉書・琅琊王伷傳》:「克己恭儉，無矜滿之色。」

(33) 莊敬，莊嚴恭敬。《禮記・樂記》:「致禮以治躬則莊敬，莊敬則嚴威。」孔疏:「若能莊嚴而恭敬，則嚴肅威重也。」

(34) 慈惠，仁愛。《左傳・成公十二年》:「於是乎有享宴之禮，享以訓共儉，宴以示慈惠。共儉以行禮，而慈惠以布政。」

(35) 剛毅，剛強堅毅。《史記・秦始皇紀》:「剛毅戾深。」《淮南子・泛論訓》:「鄭子陽剛毅而好罰。」

(36) 勵，勉也。《集韻》:「勵，勉也。」

(37) 高義，崇高的義行。《史記 77・信陵君傳》:「以公子之高義，爲能急人之困。」《莊子・盜跖》:「魯人孔丘，聞將軍高義。」

(38) 兔園，園囿名。今河南商丘縣東。漢梁孝王劉武所建，爲遊賞延賓之所。《文選・謝惠連〈雪賦〉》:「梁王不悅，遊於兔園。」

(39) 高唐，楚之臺觀名，在雲夢之中。《文選・宋玉〈高唐賦〉序》:「昔先王嘗遊高唐，怠而晝寢。夢見一婦人，曰:『妾巫山之女也，爲高唐之客。聞君遊高唐，願薦枕席。』王因幸之。去而辭曰:『妾在巫山之陽，高丘之岨，旦爲朝雲，暮爲行雨，朝朝暮暮，陽臺之下。』旦朝視之，如言，故爲立廟，號曰陽雲。」

(40) 慶雲，喻君上，此處指安成王。《文選・曹植〈上責躬應詔詩表〉》:「伏惟陛下德象天地，恩隆父母，施暢春風，澤如時雨。是以不別荊棘者，慶雲之惠也。……矜愚愛能者，慈父之恩也。」

(41) 輕，《類聚》、《全文》做「經」。

(42) 貞石，碑石的美稱。《文選・王巾〈頭陀寺碑文〉》:「勝幡西振，貞石南刊。」

（43）貽厥，留傳。《書・五子之歌》:「明明我祖，萬邦之君，有典有則，貽厥子孫。」孔傳:「貽，遺也。言仁及後世。」

（44）五賢，五位賢臣。指春秋晉文公之臣狐偃、趙衰、顛頡、魏武子、司空季子。

（45）康王，周成王之子，繼文武之業，天下大治，刑罰不用者四十餘年，世謂有唐虞之風。《史記》卷四康叔，周武王同母少弟，名封。初封於康，故稱康叔。

（46）寔，《全文》作「實」。

（47）義府，義理之府藏。常指《詩》、《書》。《左傳》僖公二十七年:「《詩》、《書》，義之府也。」文場，即文壇。

（48）髦士，英俊之士。《詩經・小雅・甫田》:「攸介攸介，烝我髦士。」毛傳:「髦，俊也。」

（49）導，《全文》作「道」。

（50）三吐，進餐時，聞有客來，即吐出口中食物，起以迎客。《史記 6・魯世家》:「周公戒伯禽曰:『我於天下，亦不賤矣，然我一沐三捉髮，一飯三吐哺，起以待士。」

（51）飛龍在天，《周易・乾》:「飛龍在天，利見大人。」

（52）肇基，始創基業。《書・武成》:「至於大王，肇基王跡。」

（53）睠，通「眷」，恩寵。

（54）宗英，皇室中才能傑出的人。《漢書・敘傳下》:「長沙寂漠，廣川亡聲；膠東不亮，常山驕盈。四國絕祀，河間賢明，禮樂是修，為漢宗英。」

（55）藩，封建王朝的侯國或屬地。牧，郊外。《左傳》隱公五年:「四月，鄭人侵衛牧，以報東門之役。」

（56）浮，呈現，顯現。

（57）迴泝，即泝回。《詩經・秦風・蒹葭》:「所謂伊人，在水一方。泝回從之，道阻且長。」指追念思慕。

（58）旒，旌旗懸垂的飾物。《詩經・商頌・長發》:「受小球大球，為下國綴旒。」鄭箋:「旒，旌旗之垂者也。」

昭明太子集序 (1)

臣竊觀大易 (2)，重明之象著焉 (3)。抑又聞之 (4)，匕鬯之義存焉 (5)。故書有孟侯之名 (6)，記表元良之德 (7)，歷選前古，以洎夏周 (8)，可得而稱，啓誦而已 (9)。雖徹聖挺賢 (10)，光乎二代 (11)，高文精義 (12)，闃而無聞 (13)。漢之顯宗，晉之肅祖，昔自春宮 (14)，益好儒術 (15)。或專經止於區易 (16)，或持論窮於貞假 (17)。子桓雖擒藻銅省 (18)，集講肅成 (19)，事在藩儲 (20)，理非皇貳 (21)。未有正位少陽 (22)，多才多藝者也。粵我大梁二十一載 (23)，盛德備乎東朝 (24)。若乃有縱自天，惟睿作聖 (25)，顯仁立孝，行於四海 (26)。如圭如璋 (27)，不因琢磨之義 (28)，爲臣爲子，寧待觀喻之言 (29)。惟性道難聞 (30)，而文章可見。故俯同志學，用晦生知 (31)。以弦誦之餘辰 (32)，總鄒魯之儒墨 (33)。徧綈緗於七合 (34)，殫竹素於九流 (35)。地居上嗣 (36)，實副元首 (37)。皇帝垂拱岩廊 (38)，委咸庶績 (39)。時非從守，事或監撫 (40)。雖一日二日，攝覽萬機 (41)，猶臨書幌不休 (42)，對欹案而忘怠 (43)。況復延納侍講 (44)，討論經紀 (45)，去聖滋遠，愈生穿鑿 (46)。枝分葉散，殊路偆馳 (47)，靈臺辟雍之疑 (48)，禋宗祭社之繆 (49)，明章申老之議 (50)，通顏理王之説 (51)。量核然否 (52)，剖析同異 (53)，察言抗論 (54)，窮理盡微。於時淹中稷下之生 (55)，金華石渠之士 (56)，莫不過罇樽而挹多少 (57)，見斗極而曉西東 (58)。與夫盡春卿之道 (59)，贊仲尼之宅，非賈誼與蘇林，同蕭何於槖據 (60)，區區前史。不亦悉歟 (61)。加以學貫總持 (62)，辯同無硋 (63)。五時密教 (64)，見猶鏡象 (65)。一乘妙旨 (66)，觀若掌珠 (67)。及在布金之園，處如龍之衆。開示有空 (68)，顯揚權實 (69)。是以徧動六地，普雨四花 (70)。豈値得解攖須提 (71)，捨鉢瓶沙 (72)。騰曇言德，梵志依風而已哉 (73)。若夫天文以爛然爲美 (74)，人文以焕乎爲貴 (75)。是以隆儒雅之大成 (76)，遊雕蟲之小道 (77)。握牘持筆 (78)，思若有神。曾不斯須，風飛雷起。至於宴遊西園 (79)，祖道清洛 (80)。三百載賦，該極連篇 (81)。七言致擬，見諸文學。博弈興詠 (82)，並命從遊 (83)。書令視草，銘非潤色。七窮煒燁之説 (84)，表極遠大之才。皆喻不備體，詞不掩義。因宜適變，曲盡文情。竊以屬文之體（85），鮮能周備，長卿徒善（86），既累爲遲（87）。少孺雖疾（88），俳優而已（89）。子淵淫靡（90），若女工之蠹（91）。子雲侈靡（92），異詩人之則。孔璋詞賦（93），曹祖勸其修今（94）。伯喈答贈（95），摯虞知其頗古（96）。孟堅之頌（97），尙有似言之譏（98）。士衡之碑（99），猶聞類賦之貶。深乎文者，兼而善之（100），能使典而不野（101），遠而不放，麗而不淫，約而不儉，獨善眾美，斯文在斯。假使王朗報箋（102），卞蘭獻頌（103），猶不足以揄揚著述（104），稱讚才章。況在庸臣（105），曾何彷彿（106）。然承華肇建（107），濫齒時髦，居陪出從，逝將二紀（108）。譬彼登山，徒仰峻極（109）。同夫觀海，莫際波瀾（110）。但職官書記（111），預聞盛藻（112）。歌詠不足（113），敢忘編次（114）。謹爲一帙十卷（115），第目如左。日升松茂（116），與天地而偕長；壯思英詞，隨歲月而增廣。如其後錄，以俟賢臣。

注釋：

（1）本文錄自《四部叢刊》本《昭明太子集序》，以嚴輯《全文》比勘。

（2）大易，即《周易》。《文選・左思〈魏都賦〉》:「覽大易與春秋。」《文選・王融〈永明九年策秀才文〉》:「議獄緩死，大易深規。」注：良曰：「大易，易也。」

（3）重明，喻太子。《周易・離》:「重明以麗乎正，乃化成天下……明兩作，離，大人以繼明照於四方。」

（4）抑，助詞，用語句首。《詩經・鄭風・大叔于田》:「抑磬控忌，抑縱送忌。」朱熹集傳：「抑、忌，皆語助詞。」

（5）匕鬯，代指宗廟祭祀。《周易・震》:「震驚百里，不喪匕鬯。」王弼注：「匕，所以載鼎實；鬯，香酒。奉宗廟之盛也。」

（6）書，指《尚書》。孟侯，諸侯之長者。《尚書・康誥》:「王若曰：孟侯，朕其弟。」孔傳：「周公稱成王命順康叔之德，命爲孟侯。孟，長也。五侯之長謂方伯，使康叔爲之。」

（7）元良，太子的代稱。《禮記・文王世子》:「一有元良，萬國以貞，世子之謂也。」

（8）洎，至，到。《莊子・寓言》：「吾及親仕，三釜而心樂；後仕，三千鍾而不洎，吾心悲。」郭象注：「洎，及也。」

（9）啓，官信。《釋名・釋書契》：「詣，啓也。以君語官司所至詣也。」誦，詩。《詩・小雅・節南山》：「家父作誦，以究王訩。」

（10）徹，通曉。《說文・攴部》：「徹，通也。」挺，傑出。《三國志・蜀書・呂凱傳》：「今諸葛丞相英才挺出，深覩未萌。」

（11）二代，謂夏商。《論語・八佾》：「子曰：『周監於二代，郁郁乎文哉，吾從周。』」

（12）高文，優秀詩文。晉葛洪《抱朴子・喻蔽》：「格言高文，豈患莫賞而減之哉？」精義，精深微妙的義理。

（13）閴，寂靜。《文選・李康〈運命論〉》：「必須勢乎，則王莽、董賢之爲三公，不如揚雄、仲舒之閴其門也。」注：「向曰：『言其守靜其門，閴然不喧雜也。』」《全文》作「闃」，二字通。

（14）春宮，即東宮，太子宮。

（15）儒術，儒家的道術。《荀子・富國》：「儒術誠行，則天下大而富。」

（16）區，別。

（17）假，易。《廣雅・釋詁三》：「假，揚也。」王念孫疏證：「此條揚字有二義……易與揚通。」《廣韻・禡韻》：「假，易也。」

（18）子桓，三國魏曹丕字。摛藻，布舒辭藻。《文選・班固〈答賓戲〉》：「馳辯如濤波，摛藻如春華。」李善注：「韋昭曰：『摛，布也。藻，水草之有文者。』」銅省，太子之宮。

（19）肅成，太子講學之處。《三國志・魏書・文帝紀》：「初，帝好文學，以著述爲務，自所勒成垂百篇。又使諸儒撰集經傳。」裴松之注：「《魏書》曰：『帝初在東宮……集諸儒於肅城門內，講論大義，侃侃無倦。』」

（20）藩儲，太子之位。

（21）貳，居次要地位的。《玉篇・貝部》：「貳，副也。」

（22）正位，中正之位。《周易・坤》：「君子黃中通理，正位居體。」孔穎達疏：「居中得正，是正位也。」少陽，東宮，太子所居。《文選・顏延之〈三月三日曲水詩序〉》：「正體毓德於少陽。」李善注：「正體，太子也。……少陽，東宮也。」後代指太子。

（23）粵，助詞，用於句首，表審慎的語氣。《史記・周本紀》：「我南望三塗，北望嶽鄙，顧詹有河，粵詹雒伊，毋遠天室。」張守節正義：「粵者，審慎之辭也。」

（24）盛德，有美盛之德的人。《史記・老子傳》：「良賈深藏若虛，君子盛德，容貌若愚。」《莊子・寓言》：「盛德若不足。」東朝，即東宮。《文選・顏延之〈應詔宴曲水作詩〉》：「帝體麗明，儀辰作貳。君彼東朝，金昭玉粹。」李善注：「東朝，東宮也。」

（25）睿，明智。《玉篇・目部》：「睿，智也。」《尚書・洪範》：「視曰明，聽曰聰，思曰睿。」孔安國傳：「必通於微。」

（26）四海，天下。《尚書・禹貢》：「四海會同，六府孔修。」《詩・商頌・玄鳥》：「四海來假，來假祈祈。」

（27）圭，瑞玉。《說文・土部》：「圭，瑞玉也。」璋，玉器名。《說文・玉部》：「剡上爲圭，半圭爲璋。」《全文》作「珪」。

（28）琢磨，雕琢而又磨治。《史記・禮書》：「情好珍善，爲之琢磨圭璧。」

（29）寧，《全文》作「寍」。觀，對事物的認識或看法。《後漢書・文苑傳・黃香》：「『此天下無雙，江夏黃童者也。』左右莫不改觀。」喻，曉喻。《三國志・吳書・周瑜傳》：「前後告喻，曾無悛改。」

（30）性道，秉性。

（31）晦，隱晦。

（32）弦誦，絃歌誦讀。《禮記・文王世子》：「春誦，夏弦。」鄭玄注：「誦謂歌樂也，弦謂以絲播詩。」孔疏：「誦謂，歌樂者，謂口誦歌樂之篇章，不以琴瑟歌也。云弦謂以絲播詩者，謂以琴瑟播彼詩之音節，詩音則樂章也。」餘辰，餘年。

（33）總，統領。《尚書・伊訓》：「百官總己，以聽冢宰。」鄒魯，指文化昌盛之地，禮儀之邦。《莊子・天地》：「其在於《詩》《書》《禮》《樂》者，鄒魯之士，縉紳先生，多能明之。」鄒，孟子故鄉；魯，孔子故鄉。儒墨，指多種學派。

（34）徧，本作「偏」，依《全文》改。徧，全部。《詩經・邶風・北門》：「我入自外，室人交徧讁我。」陸德明《經典釋文》：「徧，古遍字。」綈緗，書卷。古代常用淺黃色的絲織物作書卷函套，故稱。《晉書・后妃傳序》：「得失遺跡，煥在綈緗，興滅所由，義同畫一。」合，《全文》作「閤」。

（35）竹素，指書籍。《三國志・吳書・陸凱傳》：「明王聖主取士以賢，不拘卑賤，故其功德洋溢，名流竹素。」

（36）上嗣，指太子。《禮記・文王世子》：「其登餕獻受爵，則以上嗣。」鄭玄注：「上嗣，君子之適長子。」

（37）副，符合。《淮南子・主術訓》：「古聖王至精形於內，而好憎忘於外，出言以副情，發號以明旨。」元首，君主。《尚書・益稷》：「股肱喜哉，元首起哉，百工熙哉。」孔傳：「元首，君也。」

（38）岩廊，堂的邊廡。後世用爲朝廷之稱。《漢書・董仲舒傳》：「蓋聞虞舜之時，遊於岩廊之上。」注：「晉灼曰：『堂邊廡，岩廊，謂嚴峻之廊也。』」

（39）委，確實。庶績，各種事業。《尚書・堯典》：「允百工，庶績咸熙。」孔安國傳：「績，功。」

（40）監撫，太子的職責，監國，撫軍。

（41）攝覽，攝，管轄。萬機，帝王日常處理的紛繁政務。《文選・張衡〈東京賦〉》：「乃羨公侯卿士，登自東除，訪萬機，詢朝政。」

（42）書幌，即書房。

（43）欹案，讀書時用來托書的架。怠，疲倦。《漢書・司馬相如傳》：「怠而後遊於清池。」

（44）延納，引見接納。侍講，從師讀書。延，本作「迄」，依《全文》改。

（45）討論，研究議論。《論語・憲問》：「世叔討論之。」經紀，綱常，法度。《管子・版法》：「天地之位，有前有後，有左有右，聖人法之，以建經紀。」

（46）穿鑿，牽強附會。《漢書・禮樂志》：「以意穿鑿，各取一切。」

（47）偆，通「蠢」，動。漢班固《白虎通・五行》：「春之爲言偆。偆，動也。」

（48）靈臺，古時帝王觀察天文星象，妖祥災異的建築。《文選・張衡〈東京賦〉》：「左制辟雍，右立靈臺。」注：「綜曰：『司曆紀侯節氣者曰靈臺也。』」

（49）禋宗，祀六宗，即古所尊祀的六神。《文選・陸倕〈石闕銘〉》：「類帝禋宗，光有神器。」李善注：「《尚書》曰：『肆類於上帝。』又曰：『禋於六宗』。」祭社，祀土地神。《尚書・泰誓上》：「宜於冢土。」孔傳：「祭社曰宜。」

（50）明章，表明。《禮記・昏義》：「古者天子后立六宮、三夫人、九嬪、二十七世婦、八十一御妻，以聽天下之內治，以明章婦順，故天下內和而家理。」申老，取信於民的君主。

（51）顏，顯著。理王，至治之君。

（52）量核，指官考訂查核。本無此二字，依《全文》增補。

（53）剖析，分辨，分析。《文選・張衡〈西京賦〉》：「剖析毫釐，擘肌分理。」《顏氏家訓・歸心》：「剖析形有。」

（54）察言，審察言論。《後漢書・王堂傳》：「庶循名責實，察言觀效焉。」抗論，立論。抗，舉。《詩經・小雅・賓之初筵》：「大侯既抗。」傳：「抗，舉也。」

（55）淹中，春秋魯國裏名。在今山東省曲阜市。借指儒家學術中心。《漢書・藝文志》：「《禮古經》者，出於魯淹中。」注：「蘇林曰：『淹中，里名也。』」稷下，指戰國齊都城臨淄西門稷門附近地區。齊威王、齊宣王曾在此建學宮，廣招文學游說之士講學議論，成爲名學派的活動中心。漢應劭《風俗通義・窮通》：「齊威、宣王之時，聚天下賢士於稷下，尊寵若鄒衍田駢淳于髡之屬。」

（56）金華，殿名。漢代未央宮的宮殿名。《三輔黃圖》：「未央宮，有宣室、麒麟、金華、承明、武臺、鈎弋等殿。」《文選・班固〈西都賦〉》：「金華玉堂，白虎麒麟。」石渠，石渠閣的省稱。西漢皇室藏書之處。《漢書・劉向傳》：「講論五經於石渠。」《水經注・渭水注》：「未央殿東，有宣室、玉堂、麒麟、含章、白虎、鳳皇、朱雀、鵷鸞、昭陽諸殿，天祿、石渠、麒麟三閣。」

（57）衢樽，指在衢道設尊，任人飲用。後比喻得人望。《淮南子・繆稱訓》：「聖人之道，猶中衢而致尊邪，過者斟酌，多少不同，各得其所宜，是故得一人，所以得百人也。」許慎注：「道六通，謂之衢，尊，酒器也，一人來得其心，百人來亦得其心。」挹，舀。《說文・手部》：「挹，抒也。」《廣韻・緝韻》：「挹，酌也。」《詩・小雅・大東》：「維北有斗，不可以挹酒漿。」多少，若干。

（58）斗極，北斗星和北極星。《爾雅・釋地》:「北戴斗極爲空桐。」刑昺疏：「斗，北斗也；極者，中宮天極星。」

（59）盡，本作「晝」，依《全文》改。春卿，周春官爲六卿之一，掌邦禮。後因稱禮部長官爲春卿。

（60）蕭何，沛人。秦時爲縣主吏掾郡卒史。高帝起兵，以爲沛丞。及王漢中，以爲丞相。漢五年即皇帝位，封酇侯。十一年拜相國。惠帝二年卒，謚曰文終侯。《漢書》卷三十九有傳。棗據，字道彥，潁川長社人也。本姓棘，其先避仇改焉。父叔禕，魏鉅鹿太守。據美容貌，善文辭。弱冠，辟大將軍府，出爲山陽令，有政績。遷尚書郎，轉右丞。賈充伐吳，請爲從事中郎。軍還，徙黃門侍郎、冀州刺史、太子中庶子。太康中卒，時年五十餘。所著詩賦論四十五首，遇亂多亡失。《晉書》卷九十二有傳。何，《全文》作「亻守」。

（61）恧，慚愧。《方言》第六:「恧，慚也。……山之東西，自愧曰恧。」

（62）總持，佛教語。梵語的意譯。謂持善不失，持惡不生，具備眾德。《景德傳燈錄・阿難尊者》:「多聞博達，知慧無礙，世尊以爲總持第一，嘗所讚歎。」

（63）辯，《全文》作「辨」。硋，妨礙，阻礙。《列子・周穆王》:「乘虛不墜，觸實不硋。」

（64）五時，佛教語。天台宗謂佛陀從成道至涅槃所說之法，可以分爲五個時期，即華嚴時、鹿苑時、方等時、般若時和法華涅槃時。密教，佛教語，對顯教而言。爲對未灌頂人不許顯示的教法，故云密教。

（65）鏡象，鏡中的物象。

（66）一乘，佛教語。謂引導教化一切眾生成佛的唯一方法或途徑。《法華經・方便品》:「十方佛土中，唯有一乘法，無二亦無三，除佛方便說。」妙旨，微妙的主旨。《全文》作「玅」，二字通。

（67）掌珠，極其珍貴的東西。

（68）開示，顯示。《後漢書・李固傳》:「固皆原之，遣還，使自相招集，開示威法。」有空，有無。

（69）權實，佛教語。謂佛法之二教。權教爲小乘說法，取權宜義，法理明淺；實教爲大乘說法，顯示眞要，法理高深。梁簡文帝《〈大法頌〉序》:「二諦現空有之津，二智包權實之底。」

（70）普，廣大。《墨子・高賢中》：「聖人之德，若天之高，若地之普。」四花，法華六瑞中，雨華瑞之四花。一曼陀羅華，二摩訶曼陀羅華，三曼殊沙華，四摩訶曼殊沙華。

（71）解攖，攖，擾亂。《莊子・庚桑楚》：「不以人物利害相攖。」陸德明《經典釋文》引《廣雅》：「攖，亂也。」本作「瓔」，依《全文》改。須提，即須提王。聚落主名。譯曰求得。南山戒疏二上曰：『須提那者，多云聚落主名也。此云求得。其子耶舍，此翻爲明，如僧祇釋，持信出家。』

（72）捨缽，捨棄前人傳下來的思想、學術、技能等。捨，放棄，捨棄。《周易・上經・比》：「捨逆取順，失前禽也。」《國語・楚語上》：「女無亦謂我老耄而捨我。」韋昭注：「捨，棄也。」缽，衣缽。前人傳下來的思想、學術、技能等。瓶沙，即瓶沙王。《翻譯名義集》：「頻婆娑羅，或名瓶沙王，此云摸實，身摸充實。又翻形牢，亦云影堅。影謂形影，皆取體分強壯之義。頻婆，或云頻毗，此翻顏色。娑羅，此云端正，或翻色像殊妙王。」

（73）梵志，梵語的音譯。古印度一切「外道」出家者的通稱。《大智度論》卷五十六：「梵志者，是一切出家外道。若有承用其法者，亦名梵志。」

（74）天文，日月星辰等天體在宇宙間分佈運行等現象。《周易・賁》：「觀乎天文，以察時變。」爛然，光明貌。爛，光明。《廣韻・翰韻》：「爛，明也。」《詩・鄭風・女曰雞鳴》：「子興視夜，明星有爛。」

（75）煥乎，鮮明的樣子。《論語・泰伯》：「煥乎其有文章。」何晏集解：「煥，明也。」

（76）儒雅，氣度雍容，學問深湛。《漢書・張敞傳》：「其政頗雜儒雅。」《論衡・難歲》：「是以儒雅服從。」

（77）雕蟲，指辭賦末藝。《顏氏家訓・文章》：「童子雕蟲篆刻，壯夫不爲也。」

（78）牘，書籍。《後漢書・荀淑傳附荀悅》：「（悅）家貧無書，每之人閒，所見篇牘，一覽多能誦記。」

（79）西園，漢代上林苑的別名。《後漢書・馬融傳》：「遂棲鳳皇於高梧，宿麒麟於西園。《文選・張衡〈東京賦〉》：「歲惟仲冬，大閱西園，虞人掌焉，先期戒事。」注：「綜曰：『西園，上林苑也。』」《文選・曹植〈公讌詩〉》：「清夜遊西園，飛蓋相追隨。」

（80）祖道，餞行。《漢書・疏廣傳》：「公卿大夫故人邑子，設祖道，供張東都門外。」顏師古注：「祖道，餞行也。」清洛，清靜的洛水。《文選・陸機〈贈馮文羆詩〉》：「發軫清洛汭。」《文選・潘岳〈籍田賦〉》：「清洛濁渠，引流激水。」

（81）該，全都。《方言》卷十二：「該，咸也。」本無此字，依《全文》增補。連篇，詩文一篇接著一篇。

（82）博弈，局戲和圍棋。《論語・陽貨》：「飽食終日，無所用心，難矣哉！不有博弈者乎？爲之，猶賢乎已。」朱熹集注：「博，局戲也；弈，圍棋也。」弈，《全文》作「逸」。

（83）並命，一同受命。《禮記・內則》：「毋敢敵耦於冢婦，不敢並行，不敢並坐。」孔穎達疏：「並有教令之命。」

（84）七，《七發》。煒燁，文辭明麗曉暢。《文選・陸機〈文賦〉》：「奏平徹以閑雅，說煒燁而譎誑。」注：「翰曰：『煒燁，明曉也。』」

（85）屬文，作文。《漢書・楚元王傳》：「字少卿，亦好讀詩，能屬文。」顏師古注：「屬文，謂會綴文辭也。」

（86）長卿，漢代司馬相如字。

（87）遲，緩慢。《廣雅・釋詁二》：「遲，緩也。」

（88）少孺，漢代枚皋字。

（89）俳優，古代以舞樂諧戲爲業的藝人。

（90）子淵，顏回字。淫靡，奢靡浮華。《漢書・王褒傳》：「議者多以爲淫靡不急。」

（91）蠹，蛀蟲。《荀子・勸學》：「肉腐出蟲，魚枯生蠹。」

（92）子雲，漢揚雄字。侈靡，過分華麗。《史記・司馬相如傳》：「言淫樂而顯侈靡。」

（93）孔璋，三國陳琳字。

（94）曹祖，曹操。

（95）伯喈，漢代蔡邕的字。喈，本作「皆」，依《全文》改。笞，《全文》作「笑」。

（96）摯虞，字仲洽，西晉文學家，長安人。著有《文章流別集》、《文章流別志》、《文章流別論》，已亡佚。

（97）孟堅，後漢班固字。

（98）言，《全文》作「贊」。

（99）士衡，晉陸機字。

（100）善，《全文》作「擅」。

（101）野，《全文》作「埜」。

（102）王朗，三國魏東海郡人。字景興，高才博雅，性嚴整，慷慨多威儀。文帝時，累官司空，封樂平鄉侯，卒諡成。著有《易春秋孝經周官傳》、《奏議論紀》等書。《三國志》卷十三有傳。

（103）卞蘭，三國魏人，善巧辭。

（104）揄揚，稱譽。《楚辭・九歎・逢紛》：「揄揚滌蕩，漂流隕往。」《文選・班固〈兩都賦序〉》：「雍容揄揚，著於後嗣。」注：向曰：「揄，引；揚，舉。」

（105）臣，《全文》作「才」。

（106）彷彿，相似。《楚辭・九辯》：「柯彷彿而萎黃。」彷，《全文》作「仿」。

（107）承華，太子宮門名。《文選・陸機〈贈馮文羆遷斥丘令〉》：「閶闔既闢，承華再建。」李善注：「《洛陽記》曰：『太子宮在太宮東薄室門外，中有承華門。』」

（108）二紀，日月。《後漢書・張衡傳》：「倚招搖，攝提以低回剹流兮，察二紀五緯之綢繆遹皇。」

（109）峻極，極高。《禮記・中庸》：「發育萬物，峻極於天。」鄭玄注：「峻，高大也。」

（110）際，《全文》作「隥」。

（111）書記，從事公文，書信工作的人員。《文選・任昉〈齊竟陵文宣行狀〉》：「謀出股肱，任切書記。」注：向曰：「書記謂文學之士也。」

（112）預，事先。《廣韻・御韻》：「預，先也。」盛藻，華美的辭藻。多用於對別人文章的美稱。《文選・陸機〈文賦〉序》：「作《文賦》，以述先士之盛藻，因論作文之利害所由。」

（113）歌詠，吟詠。《史記・宋微子世家》：「箕子傷之，欲哭則不可，欲泣爲其近婦人，乃作《麥秀》之詩以歌詠之。」

（114）編次，編輯整理。《顏氏家訓・文章》：「吾家世文章……並未得編次，便遭火蕩盡，竟不傳於世。」

（115）帙，本作「秩」，依《全文》改。

（116）松茂，比喻繁盛，生機盎然。《詩經・小雅・斯干》：「秩秩斯干，幽幽南山；如竹苞矣，如松茂矣。」

參考文獻

1. 〔魏〕王弼、韓康伯注，〔唐〕孔穎達等正義《周易正義》，中華書局影印《十三經注疏》本，1980 年版。
2. 〔漢〕孔安國傳、〔唐〕孔穎達等正義《尚書正義》，中華書局影印《十三經注疏》本，1980 年版。
3. 〔漢〕毛公傳、鄭玄箋，〔唐〕孔穎達等正義《毛詩正義》，中華書局影印《十三經注疏》本，1980 年版。
4. 〔漢〕鄭玄注、〔唐〕賈公彥疏《周禮注疏》，中華書局影印《十三經注疏》本，1980 年版。
5. 〔漢〕鄭玄注、〔唐〕孔穎達等正義《禮記注疏》，中華書局影印《十三經注疏》本，1980 年版。
6. 〔晉〕杜預注、〔唐〕孔穎達等正義《春秋左氏傳正義》，中華書局影印《十三經注疏》本，1980 年版。
7. 〔三國〕何晏集解、〔宋〕刑昺疏《論語注疏》，中華書局影印《十三經注疏》本，1980 年版。
8. 〔晉〕郭璞注、〔宋〕刑昺疏《爾雅注疏》，中華書局影印《十三經注疏》本，1980 年版。
9. 〔漢〕趙岐注、〔宋〕孫奭疏《孟子注疏》，中華書局影印《十三經注疏》本，1980 年版。
10. 《史記》三家注，中華書局，1959 年版。
11. 〔漢〕班固撰、〔唐〕顏師古注《漢書》，中華書局，1962 年版。
12. 〔劉宋〕范曄撰、〔唐〕李賢注《後漢書》，中華書局，1965 年版。
13. 〔晉〕陳壽撰、〔劉宋〕裴松之注《三國志》，中華書局，1965 年版。
14. 〔梁〕沈約撰《宋書》，中華書局，1974 年版。

15. 〔梁〕蕭子顯撰《南齊書》，中華書局，1972年版。
16. 〔唐〕姚思廉《梁書》，中華書局，1973年版。
17. 〔唐〕李延壽《南史》，中華書局，1973年版。
18. 〔宋〕司馬光《資治通鑒》，中華書局，1975年版。
19. 〔清〕王先謙撰《漢書補注》，中華書局，1983年版。
20. 〔漢〕劉向集《戰國策》，上海古籍出版社，1987年版。
21. 〔宋〕朱熹集注《四書集注》，嶽麓書社，1985年版。
22. 楊伯峻集釋《列子集釋》，中華書局，1979年版。
23. 〔晉〕葛洪著、王明校釋《抱朴子內篇校釋》，中華書局，1985年版。
24. 〔晉〕葛洪著、楊明照校箋《抱朴子外篇校箋》，中華書局，1991年版。
25. 〔清〕王先謙撰《莊子集解》，中華書局，1987年版。
26. 〔清〕郭慶藩輯《莊子集釋》，中華書局，1961年版。
27. 朱謙之撰《老子校釋》，中華書局，1980年版。
28. 〔戰國〕墨翟著《墨子》，《四部叢刊》初編影明嘉靖癸丑刊本。
29. 傅亞庶撰《劉子校釋》，中華書局，1998年版。
30. 何寧撰《淮南子集釋》，中華書局，1998年版。
31. 〔清〕王念孫疏證《廣雅疏證》，中華書局，1983年版。
32. 〔漢〕許慎撰，〔清〕段玉裁注《說文解字注》，浙江古籍出版社，1998年版。
33. 〔漢〕揚雄撰、〔清〕錢繹撰集《方言箋疏》，上海古籍出版社，1984年版。
34. 〔漢〕王逸章句、〔宋〕洪興祖補《楚辭補注》，中華書局，1983年版。
35. 李伯齊校注《何遜集校注》，齊魯書社，1989年版。
36. 〔漢〕劉向撰、趙仲邑注《新序》，中華書局，1997年版。
37. 〔漢〕劉向撰、邱鶴亭注譯《列仙傳注譯》，中國社會科學出版社，2004年版。
38. 〔北齊〕顏之推著、王利器集解《顏氏家訓集解》，上海古籍出版社，1982年版。
39. 〔梁〕蕭統編、〔唐〕李善注《文選》，中華書局，1977年版。
40. 〔唐〕徐堅《初學記》，中華書局，1967年版。
41. 〔唐〕歐陽詢撰、汪紹楹校《藝文類聚》，上海古籍出版社，1982年版。
42. 〔宋〕李昉等撰《太平御覽》，中華書局，1960年版。
43. 〔宋〕郭茂倩編《樂府詩集》，中華書局，1979年版。

44. 〔陳〕徐陵注、〔清〕吳兆宜注《玉臺新詠》，成都古籍書店影印，1982 年版。
45. 《影印文淵閣四庫全書》，臺灣商務印書館，1984 年版。
46. 〔清〕嚴可均《全上古三代秦漢三國六朝文》，中華書局，1987 年版。
47. 〔明〕張溥《漢魏六朝百三名家集》，民國七年四川官印局刊本。
48. 逯欽立輯校《先秦漢魏晉南北朝詩》，中華書局，1983 年版。
49. 〔明〕陶宗儀《説郛三種》，上海古籍出版社，1988 年版。
50. 〔梁〕蕭統編、〔唐〕李善等注《六臣注文選》，《四部叢刊》初編影宋刊本。
51. 《箋注陶淵明集》，《四部叢刊》初編影宋刊巾箱本。
52. 《廣弘明集》，《四部叢刊》初編影明汪道昆本。
53. 漢應劭《風俗通義》，《四部叢刊》初編影元大德刊木。
54. 《荀子》，《四部叢刊》初編影古逸叢書本。
55. 《廣韻》，《四部叢刊》初編影宋刊巾箱本。
56. 《玉篇》，《四部叢刊》初編影元刊本。
57. 《翻譯名義集》，《四部叢刊》初編影宋刊本。
58. 《弘明集》，《四部叢刊》初編影明汪道昆本。
59. 《韓非子》，《四部叢刊》初編影宋本。
60. 《三輔黃圖》，《四部叢刊》初編影元刊本。
61. 《説苑》，《四部叢刊》初編影明鈔本。
62. 《鮑氏集》，《四部叢刊》初編影毛斧季校宋本。
63. 《釋名》，《四部叢刊》初編影明嘉靖翻宋本。
64. 《水經注》，《四部叢刊》初編影武英殿聚珍本。
65. 《論衡》，《四部叢刊》初編影明通津草堂本。
66. 〔漢〕焦贛《焦氏易林》，《四部叢刊》初編影元刊殘本及影元寫本。
67. 《管子》，《四部叢刊》初編影宋本。
68. 〔梁〕慧皎撰《高僧傳》，中華書局，1991 年版。
69. 《大智度論》，《大正藏》本。
70. 《法華經》，《大正藏》本。
71. 《注維摩詰經》，《大正藏》本。
72. 《大方廣佛華嚴經》，《大正藏》本。
73. 《景德傳燈錄》，《大正藏》本。
74. 《太平寰宇記》，《四庫全書》本吳文治《中國文學史大事年表》，黃山書社，1987 年版。
75. 俞紹初、許逸民《中外學者文選學論集》，中華書局，1998 年版。
76. 趙福海主編《文選學論集》，時代文藝出版社，1992 年版。
77. 〔日〕清水凱夫著、韓基國譯《六朝文學論集》，重慶出版社，1989 年版。
78. 穆克宏《魏晉南北朝文學史料述略》，中華書局，1997 年版。
79. 胡德懷《齊梁文學與四蕭研究》，南京大學出版社，1997 年版。
80. 閻采平《齊梁詩歌研究》，北京大學出版社，1992 年版。
81. 曹道衡、劉躍進《南北朝文學編年史》，人民文學出版社，2000 年版。
82. 劉躍進、范子燁《六朝作家年譜輯要》，黑龍江教育出版社，1999 年版。